AF218271

La fiebre del arte

María del Mar Arnús

La fiebre del arte

Críticas, reportajes, entrevistas
(1982-2026)

Prólogo de Anna Caballé

EDITORIAL ANAGRAMA
BARCELONA

Ilustración: Compañía (lookatcia.com)

Primera edición: mayo 2026

Diseño de la colección: Compañía (lookatcia.com)

ISBN: 978-84-339-4963-9
Depósito legal: B. 723-2026

Printed in Spain

Especialidades Gráficas Editoriales, S. A., Calle de Roís de Corella, 12
08205 Sabadell

Libro impreso con materias primas procedentes de una gestión forestal sostenible

A los espíritus libres

PRÓLOGO: UNA FIEBRE NECESARIA

Al igual que Ortega, que, cuando escribió sobre Goya, sintió la necesidad de advertir a sus lectores de que era un gran ignorante en materia de arte, pese a lo cual se había decidido a formular algunas ideas que tenía sobre el pintor y su obra, yo suscribo su advertencia, la hago mía y aviso de que el único fundamento de este prólogo es mi amistad con María del Mar Arnús y la admiración que siento por su talento, por su curiosidad intelectual permanente y su bonhomía como persona. La conocí en Comillas, en torno al año 2012, cuando yo vivía casi obsesionada con escribir, con reconstruir, la vida de Eusebio Güell Bacigalupi. Fui a Comillas invitada por su descendiente, Eusebio Güell de Sentmenat, vizconde de Güell, quien me facilitó su propio apartamento para mi comodidad, y allí estuve unos días al borde de la desesperación, pues más allá de los soberbios edificios modernistas que se mantenían en pie pese a todas las inclemencias sufridas y de las leyendas que se repetían sin importar quién las contara, no encontré nada de cierta consideración sobre la vida y el ánimo de sus gentes. Ni un archivo de memoria municipal sobre aquel impresionante periodo de la historia de Comillas; tampoco datos de relieve ni documentación sobre la historia de la familia López-Güell y de todas sus derivaciones. Lo mejor fue acudir a María del Mar Arnús por recomendación de la alcaldesa de Comillas. Y en su casa, ubicada en lo alto de una pequeña colina, junto a Frankie Sert, conde de Sert, por fin pude mantener una conversación sobre aquel pasado tan fastuoso como extrañamente desconocido y sobre las grandes familias de la burguesía que lo hicieron posible en el siglo XIX. Hombres y mujeres que fueron protagonistas de un siglo sin duda agridulce en la historia de España. El siglo de las primeras guerras civiles, llamadas carlistas, y del desgobierno político de dos reinas que acabaron necesariamente en el exilio; pero también la época de la primera industrialización que conocía nuestro país; el siglo de los grandes bulevares urbanos y de un tibio refinamiento social. Allí, en el precioso pueblo costero de Comillas, nació nuestra amistad y se forjó mi respeto hacia ella y hacia su marido, el conde de Sert.

María del Mar Arnús nació en Badalona en 1945 en la famosa Torre Arnús. Es tataranieta de Evaristo Arnús y tuvo la fortuna de crecer en la frondosidad del jardín de la Torre Arnús. Fue en la gran biblioteca iniciada por su antepasado donde en su adolescencia leyó un libro del escritor chino Lin Yutang, *La importancia de vivir*, publicado por primera vez en 1937, pocos años antes de su nacimiento. Un libro que la iniciaría en la vida que quería llevar, basada en la búsqueda de la armonía y la belleza, y en saber encontrar el placer en las pequeñas cosas. Sin duda a Lin Yutang, con su rechazo al vivir atropellado, podemos considerarlo un precedente del filósofo Byung-Chul Han, tan de actualidad.

En todo caso, de este pequeño gran descubrimiento de Yutang, hecho en plena formación personal de nuestra autora, al descubrimiento del arte como forma de conocimiento y de expresión del sentir del mundo debió ir poco. Lo suficiente, sin embargo, para estudiar Historia del Arte en la Universidad de Barcelona y completar sus estudios en Italia. Arnús es una crítica de arte que se ha mantenido activa desde los años ochenta del pasado siglo, cuando empezó a colaborar regularmente en *La Vanguardia* y otras publicaciones más especializadas, escribiendo tanto la crónica de las exposiciones de arte que visitaba en la ciudad como defendiendo o denunciando el deterioro que sufría el pasado histórico urbano en manos de gente que había actuado irresponsablemente. Sin duda Arnús es hija de su tiempo y de sus orígenes de clase, y hay que decir que no ha traicionado a ninguno de los dos, combinando en sus valoraciones del arte el respeto por la innovación y la originalidad sin por ello desentenderse del valor del pasado, como ocurre tantas veces. Y es que para poder entender quiénes somos hay que saber de dónde venimos. De modo que en sus artículos, recogidos en *La fiebre del arte* (un guiño a *La febre d'or* de Narcís Oller), la leemos como

11

una entusiasta de las formas más vanguardistas y comprometidas, al tiempo que proporciona información impagable (su entrevista a Eusebio Güell Jover, por ejemplo; qué lástima que no sea más larga). Su biografía del arquitecto Josep Lluís Sert, publicada por Anagrama en 2019, figura a la que trató familiarmente pues era su tío político, es sin duda su mayor contribución intelectual, a la que habría que añadir sus estudios sobre el modernismo en Comillas (*Comillas, preludio de la Modernidad*, Triangle Postals, 2004) y su conocimiento de la obra de Antoni Gaudí, disperso en artículos de distinta magnitud. No es extraño entonces que su caballo de batalla, y por el que viene combatiendo desde hace años, sea la continuación de la Sagrada Familia. Una lucha perdida que ella ha sostenido con firmeza, oponiéndose desde el principio a la prosecución de las obras. La Sagrada Familia actual, en su opinión, muy poco tiene que ver ya con Gaudí y con el proyecto original que pudo, perfectamente, quedar inacabado, como tantas cosas quedan en la vida del arte, expresión de una gran voluntad que no pudo llegar a término por alguna razón.

Arnús ha luchado desde sus distintas tribunas periodísticas para que se deje de destruir el patrimonio artístico y arquitectónico de la ciudad en un pulso equivocado con las exigencias de la modernidad. Su defensa de una Barcelona tantas veces ignorada por sus ciudadanos, por ejemplo, la de los patios traseros del Ensanche, en muda oposición al ajetreo de las calles; el elogio que hace en sus artículos en *La Vanguardia* de una Barcelona verde y ajardinada, en abierto enfrentamiento en la década de 1980 con la presión del cemento que sufrían las ciudades; su respeto por los artistas de aquella época, hoy valores más que consolidados (Perejaume, Luis Marsans, Mateo Vilagrasa, Federico Correa, Montse Gomis, Jordi Benito...), se combinan en la antología de artículos que aquí se muestra con el análisis de los artistas de referencia en el siglo XX catalán, español y europeo: Sert, Dalí, Picasso, Joan Miró, Antonio Saura, Joan Brossa, Chillida, Antoni Tàpies, Antonio López... No solo leemos sobre la evolución de una crítica de arte que se enfrenta a los autores locales en alza con la mirada limpia de quien se siente más o menos libre para hacerlo, sino que la selección nos permite recorrer la Barcelona que se ha ido manifestando a través de sus exposiciones y galerías de arte.

Se diría que, como crítica e historiadora, a la luz de los artículos que siguen y que dan fe de su trayectoria reflexiva, Arnús ha venido soñando con una síntesis espacial donde arquitectura, pintura, jardinería, escultura y urbanismo pudieran fundirse en un ideal único, y plural al mismo tiempo, de belleza y atrevimiento, y lo hicieran con la naturalidad con que las artes han convivido a lo largo del tiempo. Porque el mundo no puede consistir en la simple y tantas veces brutal actualidad que nos sume y nos consume en una existencia *de facto*, necesitamos pensar en el arte de la reconciliación con lo que hemos venido siendo hasta ahora. María del Mar Arnús lo practica en sus artículos y nos descubre que esa reconciliación entre mundos extremos es posible y necesaria: lo clásico y

13

lo moderno, lo pasado y lo por venir, la tradición y la experimentación, modernismo y vanguardia, pintura y fotografía, Antoni Gaudí y Josep Lluís Sert, líneas curvas y líneas rectas, todo eso puede convivir y debería hacerlo.

ANNA CABALLÉ

Más allá de la mirada
Pintura y fotografía

XAVIER VALLS, DESDE EL SILENCIO[1]

Acaba de inaugurarse en París en la galería Henriette Gomès una exposición de dibujos y acuarelas del pintor catalán Xavier Valls (Premio Cáceres 1979 y Chevalier de l'Ordre des Arts et des Lettres). Lo que a simple vista podría parecernos una huera muestra decorativa y que algunos se atreven a tachar de banal, lejos está de captar el momento, mejor dicho el instante, del que parte Valls para asir la realidad: es como si fuera desde el estado de duermevela que sigue al despertar; cuando, por así decirlo, solo el ojo del artista está del todo despierto, mientras que el intelecto reposa todavía. Entonces el mundo usual, aquello que lo rodea, se transforma en un conjunto de manchas y de formas de distinta apariencia, color, magnitud y consistencia. El encanto de aquella situación o de aquel rincón se debe a que todo parece como nuevo; lo cotidiano adquiere un frescor mara-

1. *La Vanguardia*, «Cultura», 7 de junio de 1983.

17

villoso, un carácter elemental. El color, el volumen, la luz se liberan de su función de caracterizar las cosas, ganan una intensidad distinta. En cuanto se desvela el intelecto adormecido, este fenómeno se esfuma y se pierde la maravilla. Ha sido tan solo un instante, algo efímero.

No se trata, pues, del modo natural de ver las cosas, no es la visión espontánea del mundo cotidiano la que nos presenta Valls en sus cuadros, pues él excluye deliberadamente todo elemento del sentimiento: las peras, las botellas o los libros tienen el mismo valor psicológico que un rostro o un ser humano. La extraña calma vegetativa de esos cuadros no es la calma de la naturaleza muerta, sino la calma del mundo sin naturaleza. Xavier Valls sitúa los objetos –sea bodegón, paisaje o figura– en un lugar alejado del tiempo sensible. No son seres vivientes. Ellos surgen de los inciertos lugares del silencio. Arte sobrehumano, metafísico, alejado de la vida, donde todo aparece envuelto en una atmósfera de inmovilidad, como si quisiera aprehender aquello que hay detrás de todo ser o de todo objeto. De ahí esa frialdad de las formas que viene de la abstracción.

En su obra están aún latentes sus influencias novecentistas, cubistas y constructivistas, su afinidad con Balthus y sobre todo la lección de Cézanne, de Bonnard y de Seurat, en una perfecta simbiosis del ciudadano barcelonés y parisino. Pinceladas breves y luminosas, lápices de distinta textura, tonos sutiles y gran refinamiento. Xavier Valls es un virtuoso. Su obra ha sido elaborada lenta y concienzudamente durante los cuarenta años que lleva viviendo en París, al margen de modas y modos. Con un dominio total de la armonía del color y la forma, este pintor de Horta nos presenta la realidad trascendente e inmóvil, su relación mágica con el entorno, su modo de ver casi sin pensar, desde una quietud suspendida entre el sueño y el despertar, donde los objetos se dejan ver reducidos a lo esencial en aquel instante absoluto detenido en el transitar temporal.

El dulce silencio de los bodegones, el fluir indescifrable del tránsito de la figura de Luisa, la visión deslumbrante de aquel rincón del jardín de Horta: apariciones desde una paz más allá del equilibrio mostrado.

LUIS MARSANS: FRAGMENTOS DEL RECUERDO[1]

Tomarse en serio la pintura, olvidarse de tantas veleidades intelectuales y enfrentarse arduamente a la materia es algo de cuyo valor uno se percata enseguida al contemplar esta magnífica exposición de la obra de Luis Marsans en París. Exposición que, de la mano de Claude Bernard, uno de los marchantes parisinos de más prestigio, seguirá probablemente a Nueva York.

No cabe duda de que es esta una muestra importante en la trayectoria del artista barcelonés, y hasta diría que su consagración en el ámbito de la pintura. Él se ha centrado, fundamentalmente, en las infinitas posibilidades de lo pictórico. Un proceso de afirmación se ha operado en la evolución del arte de Luis Marsans desde su última exposición, hará dos años, en la Galerie Jacob. Ha habido un enorme trabajo (de factura, de estilo, de profundizar en las técnicas más sofisticadas) que hace que Marsans tenga, ahora,

1. *La Vanguardia*, «Cultura», 20 de marzo de 1984.

un acento propio e inconfundible. Aunque está cerca de Antoñito López, pues ambos parten de un gran respeto a la tradición y a la imagen, la poética de Luis Marsans es distinta. También lo es el tratamiento que da al lienzo. Podría decirse, quizás, que el realismo de Luis Marsans es una respuesta mediterránea al realismo mesetario. Este artista tan dotado para la expresión sutil capta como nadie esa cuarta dimensión que es el tiempo.

El tema de la exposición gira en torno al objeto. Objetos que aparecen velados tras un viso de polvo y de olvido, maltratados por la acción irreversible del tiempo, algunos apenas insinuados, y plasmados como en rancios pergaminos; objetos del pasado y del presente se entremezclan y amontonan, diseñados por la nostalgia, en una atmósfera condensada y enrarecida.

Un ritual secreto y misterioso se presiente en este soliloquio del artista con «las cosas». Monotonía de objetos sobre la mesa: cajas y frascos de todas las formas y de todos los tamaños, cestos, paquetes de café y de té, partituras musicales, fragmentos de viejas bibliotecas, palmatorias, metrónomos y cronómetros, molinillos de café... Son objetos cotidianos, sencillos, familiares, aprehendidos por el ojo del poeta que los rememora.

El conjunto tiene un tono monocromo, dentro de la gama sutilísima de los ocres y los grises –la base es el lápiz–, aunque de tanto en tanto, como contrapunto, surgen unas tonalidades vivas y cálidas que juegan en la luz y que podrían hasta desvanecerse en ella: modernos bodegones al óleo, captados en el momento en que el flash se dispara sobre la imagen recobrada.

Otro tema maravillosamente desarrollado en esta exposición son las «Vistas de Arquitectura» de la Barcelona antigua: sobrias fachadas desconchadas, envejecidas y maltratadas, visiones imaginarias de plazas y calles desérticas, fragmentos de casas desaparecidas, rincones y muros enmohecidos y abandonados al poder oscuro y enigmático de la memoria que los recompone. Espejismos trazados por el gesto leve y preciso del amante de la arquitectura han quedado aquí sublimados con el lenguaje desprendido del silencio.

«No se puede pintar lo que se ve, sino lo que uno recuerda.» Esta frase de Luis Marsans ilustra perfectamente su modo de captar la realidad, la poética de su lenguaje; ese lenguaje en el que se barajan el pasado y el presente en un incesante revolver en el baúl de los recuerdos.

El mundo exterior y el interior se confunden sensiblemente por medio de esta labor exhaustiva y exquisita, tan próxima a la del miniaturista y, también, a la de quien conoce a fondo las enseñanzas del cubismo, del surrealismo y de la abstracción, todas ellas, de alguna manera, subyacentes a lo largo de su obra.

Para dar a la imagen esta calidad, ese aire de grave deterioro, Luis Marsans se sirve de la alquimia. Alquimia por la que logra las mixturas más complejas, en una constante dialéctica creación-destrucción. Tiene su arte doble naturaleza que lo hace todavía más atractivo, y le da la pátina que tienen las cosas antiguas, gastadas por los efectos insoslayables del paso del tiempo, que de una forma tangible está sobre todo lo que aparece.

Sin embargo, la alquimia que maneja Marsans es un método de conocimiento y una forma de expresar su confrontación con la materia en una continua investigación y manipulación de esta.

A lo largo de la historia del arte, muchos fueron los que se sirvieron de la alquimia como método de conocimiento; entre ellos, los más grandes que conocemos fueron Van Eyck, El Bosco, Brueghel y Durero. La alquimia, ciencia esotérica, simbólica, revelada y tradicional, también tuvo una influencia grande sobre los surrealistas. Muchos de ellos estuvieron seducidos por las relaciones existentes entre la transmutación alquímica y la metamorfosis poética. Incluso Breton incitaba al artista a la conquista, en solitario, del vellocino de oro.

El arte de Luis Marsans, al igual que el de los pintores alquimistas, no basa su valor en los aspectos estéticos, sino en su sentido evocador. Es en este sentido en el que debemos ver su obra. Hay latente en ella una imaginación alquímica, principalmente intuitiva, que disfruta manejando y trasmutando aquello de lo que se sirve para plasmar el tiempo recobrado.

LAS FIESTAS GALANTES
DE JOSEP MARIA SERT[1]

Mientras en nuestros museos de arte se arroja a las tinieblas de los sótanos la obra del pintor catalán Josep M.ª Sert, el Ministerio de Cultura francés compra, para el Museo de la Ciudad de París en el Hotel Carnavalet, la decoración del desaparecido Hotel de Wendel, que realizó Sert en 1924; y el Patrimonio español adquiere de este mismo artista la serie de pinturas sobre tabla del *château* de La Versine, para el Museo de Arte Moderno de Madrid.

Todo parece indicar que ha llegado el momento de resucitar a esta figura extraordinaria e insólita que lleva ya tiempo durmiendo el sueño de los justos. Teorías tan reduccionistas como las que han imperado hasta hace poco, en las que solamente existía el arte de vanguardia o el arte comercial, llevaron al olvido a un gran número de artistas, entre ellos a Josep M.ª Sert.

1. *La Vanguardia*, «Cultura», 27 de noviembre de 1984.

Ahora que asistimos a una generalización del espíritu posmoderno, en el que uno de los tics más explotados es el sentido lúdico con que se utilizan los modelos del pasado histórico, tanto si es reciente como si es lejano en el tiempo y en el espacio, la figura de Josep M.ª Sert resulta muy interesante.

Porque el modo irrespetuoso y hasta cierto punto disparatado de recrearse en el lenguaje de la tradición, con ese aire y esa grandiosidad, efectismo y grandilocuencia –cuyo parangón encontraríamos hoy en la arquitectura de Ricardo Bofill–, unido al respeto por la simbiosis entre arquitectura y pintura, hace de Sert un artista con un estilo y una manera de hacer muy propia, aun recogiendo el espíritu de su época y sobre todo el de la ciudad donde desarrolla su arte: París.

Son los tiempos felices de entreguerras, cuando París es el centro mundial de la vida artística y triunfa el estilo art déco, que fue más que nada una simbiosis entre cubismo y expresionismo, bajo un ideal de retorno a las formas clásicas: orden y simplicidad más algunos elementos barrocos incorporados en un afán decorativista.

Aunque Alexandre Cirici incluye la obra de Sert dentro de la escuela catalana del postsimbolismo fantástico, junto a pintores como Anglada Camarasa, Aleix Clapés, Marià Andreu y otros más, la figura de Josep M.ª Sert también participa en gran medida del movimiento art déco. Había en casi todos los artistas, en esa época en París, un afán decorativista, una pátina de superficialidad, mucho optimismo y grandes dosis de inconformismo.

Sert omite el cubismo por el que siente una particular aversión, y en su lugar cultiva el surrealismo. Tenía, por aquel entonces, grandes discusiones con Picasso, al que veía con frecuencia, ya que Misia Godebska, casada con Sert, fue madrina de la boda de Picasso con Olga Khokhlova, y luego también madrina de su hijo Pablo.

Dalí, en cambio, siente admiración por Sert, y asegura haber aprendido mucho de él, al que reconoce como uno de los precursores del surrealismo.

Expresionismo y surrealismo se entremezclan estrepitosamente en la obra de este pintor catalán; pero, en lugar de un retorno al clasicismo, tal como se observa en los artistas que integran el art déco, este cultiva el espíritu galante y festivo del siglo XVIII a través de su temperamento barroco, apasionado, sensual y entusiasta. Su manera de pintar es un deliberado «pastiche» de los antiguos maestros, al que añadió sus dotes escenográficas (muy a lo Cecil B. de Mille) con una fantasía original, libre y absoluta.

Esta serie de pinturas que acaba de adquirir el Ministerio de Cultura tiene su historia: en el año 1917, Boy Capel, inglés misterioso –dicen que hijo natural del rey Eduardo VII de Inglaterra– y entonces novio de Coco Chanel, le encarga a Sert la decoración del comedor de su casa. La idea inicial era hacer una habitación en trampantojo, toda ella recubierta de pinturas sobre tabla, incluso puertas y ventanas, por el divertido artificio de, una vez dentro del recinto, no saber por dónde se había entrado ni cuál era la salida posible.

26

Sert lleva hasta los últimos extremos aquella milenaria unidad entre arquitectura y pintura. Toda su obra, sea sobre lienzo o sobre tabla, es un claro exponente de unidad entre cuadro y edificio con el objeto de crear un ámbito espacial. Él nunca fue partidario de la liberación de la pintura, ni del cuadro que vive en y para sí mismo.

El proyecto en trampantojo desgraciadamente se trunca cuando muere Capel; y sus protegidos, los Rothschild, se quedan con la obra para el pabellón de caza que estos poseían en La Versine, cerca de Chantilly.

El conjunto –a todo color– queda, entonces, reducido al techo más cuatro grandes paneles que representan los cuatro continentes, alegorías a su vez de las cuatro estaciones.

La primavera es Asia (3,62 × 4,10 m), en la que da rienda suelta a los sueños de un Oriente legendario, lleno de lujo y de voluptuosidad, en una visión absolutamente romántica y pintoresca, que a su vez encontramos en *El verano*, que representa a África (3,62 × 1,83 m), dividido en tres partes que rodean los vanos de las ventanas. Anacronismos y exotismos se entremezclan en estas secuencias hollywoodianas de *Las mil y una noches*. Saltimbanquis, malabaristas, charlatanes de feria, echadoras de cartas: claras alegorías del hombre y su falta de consistencia.

El otoño es Europa (3,62 × 5,63 m); aquí, figuras populares, tomadas de la iconografía goyesca, se afanan en recoger los frutos de los árboles mientras un grupo de personajes baila ante los manjares y unos pícaros intentan apoderarse de ellos.

La gracia y la inquietud del siglo XVIII están aquí parodiadas, aunque también idealizadas, en lo que para muchos fue el Gran Siglo europeo.

Hay cierta afinidad entre Goya y Sert, tanto en el Goya de los cartones para tapices como en la manera de tratar las diversas máscaras de la estupidez.

El caos festivo se acrecienta en *El invierno*, que simboliza América (3,62 × 5,63 m). Qué lejos está del *Invierno* de Poussin esta delirante parodia del Nuevo Mundo donde aparecen los rascacielos de Manhattan entre las brumas, como telón de fondo a la onírica escena: una suerte de baldaquino coronado de palmeras cobija a unos personajes sacados de los carnavales venecianos —Venecia es una fuente puntual en Sert—, entre un batiburrillo de figurillas de jade y jarrones de porcelana, sombreros de copa y penachos de plumas, alfombras, tapices y sedas suntuosas.

Los objetos se confunden con las personas y a veces no se distingue si son figuras de porcelana o seres vivos, tal es la mascarada. El hombre es convertido en un muñeco, en un autómata. Sus actos son carentes de sentido en este gran disparate festivo. No es el hombre desamparado de un C. D. Friedrich, sino el hombre aturdido en un tiovivo.

En Sert el aturdimiento es el estado permanente del ser humano; forma parte de la esencia del hombre. Sus personajes siempre están en movimiento, gesticulantes en el escenario, víctimas de la era de Acuario.

Entre tantos desvaríos exóticos y sueños de guardarropía, cual apoteosis barroca a esta genial mascarada escénica, cierra el conjunto un cielo raso de 23 × 33 m en el que aparece un efebo cabalgando a lomos de un águila, portando la bola de la fortuna y abriéndose camino entre las infinitudes sublimes.

Ante la posible ocupación alemana en el año 1939, los Rothschild pidieron a Sert que cubriese las pinturas para evitar su deterioro o posible destrucción. Pero solo dio tiempo a cubrir el techo de una pátina plateada que Sert sabía cómo arrancar. Esa capa de plata es la que ahora cubre los dieciséis plafones que forman dicho techo.

Lo que sí desapareció del todo fue uno de los paneles centrales de *El verano*. En estos momentos tan solo la alegoría de América se halla expuesta en una sala del Museo de Arte Moderno de Madrid, junto al resto de nuevas adquisiciones. ¿Qué ha sido del resto de los plafones sobre madera que cubrían este fantástico pabellón? Me pregunto si estarán preparando una exposición retrospectiva de la obra de Josep M.ª Sert, que en estos momentos parece bastante oportuna, sobre todo, en cuanto antecedente de la posmodernidad.

Las fiestas galantes pasadas por el tamiz de los sueños están maravillosamente reflejadas, en estas secuencias de las cuatro estaciones, por este neo-Watteau del siglo XX. Ambos artistas –Watteau y Sert– son claros exponentes de la pintura que expresa *la joie de vivre*. Pero mientras que en Watteau la alegría es apacible y refinada, precursora del siglo XVIII que tendrá su punto final en la Revolución francesa, en

29

Sert, *la joie de vivre* busca el aturdimiento en una trepidante mascarada, que nos anticipa «los felices veinte», cuyo trágico fin será la Segunda Guerra Mundial.

«NITS», UNA SUGERENTE CEREMONIA DE LA CONFUSIÓN[1]

Hace ya tiempo que la sala de exposiciones de la Fundación Caixa de Pensions de la calle Montcada desarrolla un mecenazgo elogiable hacia los artistas jóvenes que empiezan o hacia otros más conocidos e, incluso, hacia algunos rechazados del mercado del arte.

Sin embargo, en los últimos tiempos ha ampliado y depurado su criterio artístico enriqueciéndolo y perfeccionándolo a través de una programación de montajes muy interesantes que responden a diversos planteamientos, como pueden ser las colectivas temáticas a cargo de un crítico o profesional del arte –Bauhaus o Identitats– y las transformaciones ambientales que recogen aquellas facetas creativas de los artistas menos divulgados por el ámbito galerístico, como, por ejemplo, Tom Carr o Font Díaz.

Así, la posibilidad de llevar a cabo investigaciones plásticas de toda índole y la diversidad de tenden-

1. *La Vanguardia*, 27 de enero de 1985.

cias artísticas que se contemplan en su programación, a partir de un nivel aceptable de calidad, conforman un marco apropiado para favorecer la experimentación y la libertad creativa.

Este año se ha inaugurado la temporada con un homenaje a la noche, la exposición «Nits», que preludiaron Jordi Benito y Carles Santos en un concierto escenográfico celebrado en la calle, de gran impacto estético dentro de una poética de resonancias surrealistas.

En el interior de la sala, de la mano de Gloria Bosch i Mir, nos adentramos en las nocturnidades de algunos artistas históricos y contemporáneos que, a lo largo del siglo XX en Cataluña, han plasmado la multiplicidad de la noche. Una breve selección de poetas y artistas plásticos se aúna en torno al ambicioso tema de la noche, amenizado por los «nocturnos urbanos» de Jep Nuix, música experimental, cotidiana y sutil que refleja los sonidos del silencio de la noche, nítidos, siempre acercándose más al ruido entendido como música inconsciente y onírica.

Aunque la selección de poemas se haya hecho un tanto al azar y la nocturnidad de algunos artistas resulte algo dudosa, la idea de aunar la poesía, la música y la plástica bajo el denominador común de un tema universal es tan ambiciosa como atractiva. Además, la iniciativa de invocar a la noche para que vuelva a recuperar su identidad resulta muy oportuna y sugerente.

Toda la exposición, aun sin quererlo, gira en torno a un cuadro capital: *Dríades, nimfes i harpies* de

Antoni Tàpies. Es la noche que pregona el reino de la luna. La luna, símbolo del nuevo sentido del universo que brotó en el hombre romántico, gran amante y adorador de la noche, refleja fríamente la luz del sol que se apaga tras los árboles y deja paso al brillo sutil de las hojas, que contrastan en la grandeza del paisaje. Hay una distancia clara entre este Tàpies y el resto de pintores contemporáneos de Dau al Set: Cuixart, Tharrats y Ponç; una notable diferencia –que se aclara puntualmente en esta exposición– al ponerse de manifiesto la calidad de la materia de la pintura abstracta que parece generarse en el seno de esta luna, cuya presencia inquietante domina todo el panorama de la sala.

Como contrapunto a esta luna, en el segundo ámbito, el logrado faro de Riera i Aragó guía el recorrido emprendido por los artistas contemporáneos. Las noches urbanas de principios de siglo –representadas en la muestra por Anglada Camarasa– contrastan con la visión sórdida e irónica de Uclés, que posee una rotunda fuerza expresiva. Del mismo modo, nada hay más alejado de la delicada melancolía del paisaje rural de Urgell que el montaje de otro melancólico, Carlos Pazos. Este maltrata deliberadamente el tema al manipular un cromo cuyas imágenes se iluminan con elementos totalmente urbanos: la linterna de plástico y la batería de coche. He ahí una visión desquiciada de la noche rural. Frente a la luz lunar de Tàpies, que envuelve a la naturaleza en un sudario, la luz de neón de un Narcís Coderch se apodera de nuestro espacio urbano.

Hay un ritual de muerte en la noche. A lo largo de los siglos siempre estuvo asociada a la muerte, a esa muerte que amenaza a las víctimas de Ernesto Fontecilla, o que se muestra implacable con la mórbida figura yacente en un horizonte tenebroso del cuadro de Anna Manel·la. También la noche se asocia al reino de las sombras en el nocturno de Font Díaz, o al de las tinieblas, como se aprecia en Ràfols-Casamada.

La noche que envuelve y disuelve la cabeza de aquella mujer asomada a la ventana de Serra de Rivera es cualitativamente distinta de la de Guinovart. Inconscientemente, se pone de manifiesto la creciente pérdida de identidad de la noche, la carencia de límites que la apoyen en la actualidad. La luna de Tàpies preside esta pequeña y sugerente ceremonia de la confusión.

ANTONI BERNAD: RETRATOS CATALANES[1]

Mientras gran parte de la pintura de hoy se entretiene en investigaciones y voluptuosidades pictóricas, o se pierde en reflexiones sobre el acto de pintar; mientras el artista utiliza la pintura como psicoterapia y recrea o revisa las vanguardias clásicas; mientras el pintor se sumerge en un narcisismo sin límites, el arte de la fotografía va adquiriendo y depurando su técnica al tiempo que se afianza y recoge la tradición plástica. La pintura que se halla anclada en un decorativismo feroz ha dejado a la fotografía un lugar muy significativo y un campo muy amplio.

El interés por el hombre, el sentimiento de que su estudio merece en sí mismo una consagración artística, está hoy en manos de la fotografía, que lucha encarnizadamente por su equiparación con las llama-

1. *La Vanguardia*, «Cultura», 22 de octubre de 1985 (con motivo de la publicación de *Retrats Catalans*, Barcelona, Edicions 62, 1984).

das bellas artes, es decir, por convertirse en un arte digno y noble.

Antoni Bernad, aunque muchos crean que ha dado un salto al vacío –viene del campo de la moda–, conoce la historia del arte; sabe de la disposición del conjunto de las composiciones, la ley de los grandes planos, el recortado de las siluetas, la iluminación, etc. Además de haberse paseado por los museos, hay una actitud en él de contar con el azar, de captar todo aquello que pueda expresar «algo». Una actitud gozosa frente a la psique. El personaje que retrata Antoni Bernad no es un pretexto para una especulación plástica –como lo es tantas veces para el pintor–, sino que es en tanto que entidad física y metafísica.

«El retrato es propio de las civilizaciones evolucionadas porque es el resultado de una meditación elevada. El primitivo no deja jamás captar su imagen» (Francastel). En la Antigüedad dos motivaciones condicionaban la existencia del retrato: la idea de superación de la muerte y la del ejercicio eficaz del poder. Con el cristianismo desaparece la superación de la muerte ligada a la imagen. En los tiempos modernos –durante el Renacimiento, en el que aparece la sociedad burguesa y el retrato de caballete–, es cuando el esfuerzo del artista se concentra en la exaltación del carácter único del modelo. El modelo que se reconoce como persona y se da como tema; unas veces despojado de su ambiente sobre fondo neutro, otras, sobre un paisaje ideal o rodeado del mundo en que se mueve. Lo que pierde de carácter sagrado lo adquiere en lo profano.

En esta espléndida galería de retratos, Antoni Bernad ha sabido captar la imagen del ser humano que condensa en sí misma la profundización de una experiencia personal; del hombre que, dotado de nuevos medios de acción sobre su entorno, busca situarse de una manera estable, como individuo en relación con el universo. Y así, el ser que ha perdido la fe convive con el ser que la guarda, el que duda y el que se ríe, el que cultiva sus sueños y el que contribuye a rehacer el mundo. La solidez y la heterogeneidad de la sociedad burguesa catalana de hoy.

Se inicia la serie de retratos con el dedo puntualizador de Josep Pla y finaliza con la mirada desafiante de Jordi Pujol, del presidente preso de su actitud y de su gesto.

Antoni Bernad observa, reconoce y define al personaje que retrata. Fija su imagen en movimiento y la detiene en aquella postura o aquel gesto, con aquel fondo o ese otro. Y la imagen fugaz se inmoviliza. Están los que posan ante el objetivo, los que buscan crear un clima particular que les sirva de aureola, los que huyen y los que se dejan sorprender alegremente en su entorno.

El artista ha realizado una excelente investigación de los efectos de la luz sobre la cosa; la luz que otorga la máxima expresividad cuando juega con su ausencia. Ese foco de luz que se desdobla, y parece como si viniese de la esfera de cristal que el poeta consulta (retrato de Salvador Espriu); la veladura de la cortina de humo que envuelve y esconde parte del rostro de Antoni Ribas, formando un sutil arabesco. La aparición del mago Dalí, quien se dispone a diseccionar la belleza del cuerpo hermafrodita. El claroscuro que se forma entre la imagen petrificada y la imagen real de un Llorenç Villalonga o la penumbra del rostro de Antoni Llena, adolescente, que mira a través de su efímera obra, o el relámpago que ilumina la furia del rostro de Antoni Tàpies.

El ojo de Antoni Bernad está lejos del voyeurismo; es el ojo de quien incita a mirarse en el espejo, y de quien recoge la mirada perdida en el punto fijo y equidistante de un J. V. Foix, o la perversidad divertida de Arranz Bravo y Bartolozzi; la elegante y sobria modernidad de un Sert, el aire de diva de Victoria de los Ángeles o el *galantuomo* Josep Carreras. El aire beatífico de J. A. Samaranch tras el espejo que refleja su silueta; la espesura de ojos de Lluís Permanyer, en cuya retina aparece reflejada la silueta del autor tras la luz de los grandes ventanales. La autoridad serena del honorable Tarradellas, y el rostro de Montserrat Caballé, transfigurado por el éxtasis poético.

En este libro de Edicions 62 se combinan el ideal y la realidad, la lejanía y la proximidad, el rigor y la ternura, la sublime dignidad y el jugueteo vano; selección y variedad de arquetipos que conforman la Catalunya de hoy. Catalanes que han trascendido su propio territorio y su memoria, libres del tiempo y de su historia.

DE LA CIUDAD Y LOS PINTORES: LUIS MARSANS Y MATEO VILAGRASA[1]

El tema de la ciudad ha producido en el artista moderno una peculiar fascinación. Son precisamente los pintores quienes se han preocupado más por observar su fisonomía y sentir su pulso y, sobre todo, son quienes han captado su degradación y sordidez y especulado sobre su devenir y su belleza.

Casi un siglo hace desde que Camille Pissarro nos ofreciera esta vista de París: *Rue Saint-Honoré por la tarde. Efecto de lluvia*, que ahora podemos contemplar en la espléndida colección Thyssen-Bornemisza expuesta en la Virreina. Imagen idílica –para nosotros, hoy– de ciudad con carácter fundamentalmente latino que no ha perdido el gozo y el color, el calor de sus gentes y la luz de un cielo rumoroso.

Una visión que ya está lejos de la de *Metrópolis* de George Grosz (1916-1917, colección Thyssen-Bornemisza). Aquí, la nocturnidad está expresada en co-

1. *La Vanguardia*, «Cultura», 10 de junio de 1986.

lores infernales y ritmos caóticos. Los personajes caminan a la deriva cual monstruos autómatas en una ciudad que acosa y enajena. La sátira «expresada» en su aspecto más sórdido y funesto.

De otra parte, las imágenes de Nueva York de Max Weber (1913) y de Piet Mondrian (1942) –ambas en la colección Thyssen-Bornemisza–, la una desde el caos y la otra desde el orden, son ya una insolente abstracción. La ciudad reducida a líneas de fuerza sometidas a una estructura caótica (cubismo-futurismo) o rígida (abstracción geométrica), en la que el ser humano ha desaparecido del plano.

La máxima negación de la ciudad como ente vivo queda así reducida a una estructura abstracta: la «ciudad pura», radicalmente deshumanizada.

La realidad oscura y múltiple de la urbe ha sido barrida en nombre del pensamiento cartesiano.

La Barcelona de Luis Marsans es una sucesión de fachadas y calles vacías, cuya desolación es casi tan perturbadora y atemporal como la que podemos encontrar en las «calles» de De Chirico. Y al tiempo tan ordenada en su estructura que nos hace pensar en Mondrian.

El orden matemático está latente –líneas puras y apenas perceptibles– estructurando la confusa realidad que aparece pasada por el tamiz del tiempo: muros enmohecidos, siluetas serenas y un tanto fantasmagóricas. Algo así como escenarios desolados cuyo misterio indescifrable es comparable al que tienen los cuadros de Leonardo. Será, quizás, por esos *sfumatos* que confieren a estas vistas ese aspecto de atmósfera cargada, incluso asfixiante; lugar abandonado, casas derruidas cuyos rastros están patentes. Las huellas tienen su consistencia y su reflejo: *La casa desaparecida* (1981).

Luis Marsans expone actualmente en la Galería Claude Bernard, de Nueva York, junto a un grupo de realistas españoles. Se trata de un realismo más distante, el suyo, un realismo que tiene reminiscencias surrealistas.

La forma se vislumbra con nitidez a través de una línea depurada y sutil. Ausencia total de color.

Muros que se interponen entre uno y un no sé qué cargado de misterio y de nostalgia; paredes mugrientas, adoquines que apenas conservan su forma; casas que todavía no tienen la categoría de ruinas, pero a las que el tiempo les ha dado una dignidad y una presencia casi inquietantes. Una Barcelona arcana y estéril: balcones vacíos, ventanas cerradas a cal y canto, visillos corridos, y calzadas que solo atraviesa esa línea perceptible que separa la luz de la sombra.

Aquella Barcelona de puerto latino, que vivía de cara al mar, con sus fachadas repletas de balcones mirando siempre a la calle, ahora aparece desolada, a punto de borrarse. Viene a ser la imagen acabada del sueño que anida en lo más hondo del artista: la ciudad liberada de vida humana y presa de su fachada atrapada por el tiempo.

En contraposición a la paleta refinada y sutil de Luis Marsans, que refleja la ciudad cercana al puerto, cuya fisonomía había surgido en virtud de una función y que ahora, al perderse esta, se torna enigmática, está la mano nerviosa y vigorosa de Mateo Vilagrasa, que plasma la multiplicidad de Barcelona.

Vilagrasa expone su titánico trabajo de dos años en la Casa Elizalde, más de cincuenta lienzos que versan sobre su experiencia personal en esta ciudad. Visión un tanto dura y hostil, a veces esperpéntica, de una Barcelona que aparece esencialmente gris, sumergida en las tinieblas de la polución. Es una ciudad nórdica que vive de espaldas al mar, «expresada» en términos gestuales unas veces, producto de una vivencia que el artista ha hecho suya.

Mediante resinas sintéticas y pigmentos naturales, Mateo Vilagrasa observa la regularidad implacable del ensanche –*Eixample*– o la silueta fantasmagórica de la manzana de la discordia –*Passeig de Gràcia* y *Perfil de la discòrdia*– o el reflejo de la naturaleza sobre la arquitectura –*Plaça Letamendi*–. Y, a vuelo de pájaro –*Barcelona paisatge urbà*–, consigue unos efectos fotográficos de la Barcelona de hoy, rotundos y muy impresionantes.

Bajo el cielo enrarecido la ciudad se esparce, siempre en luz de atardecer o amanecer, lívida, algo espectral. Y también desprovista de seres.

Las ciudades también se miden por la calidad de sus pintores, aquellos que las han sabido ver en su soledad, su dignidad y en su misterio.

Estas dos brillantes especulaciones plásticas sobre el tema urbano anulan la débil y equivocada exposición que sobre este tema ha organizado la Caixa de Pensions en la sala de la calle Montcada.

LOS ESPACIOS DE LA FATALIDAD:
DE VERMEER A ANTONIO LÓPEZ GARCÍA[1]

Sesenta cuadros del Mauritshuis de La Haya, uno de los museos mejor concebidos y más competentes que existen en Europa, se expusieron recientemente en el Grand Palais de París. Allí se concentró aquella sensibilidad tan particular del siglo de oro de la pintura holandesa.

Nadie como aquellos artistas supo captar en su plenitud la intensidad del instante, transportar lo inmediato de los sentidos a los ecos del recuerdo, prolongar el momento en lo duradero y hasta en lo eterno; en suma, espiritualizar la vida cotidiana.

Esta manera tranquila y segura de estar que tienen los seres y las cosas en los cuadros de Vermeer delata la paz del individuo en el universo y la estabilidad del ambiente burgués, donde personajes y accesorios aparecen en un completo acuerdo.

Lo que importa explicar en esas maravillosas es-

1. *La Vanguardia*, «Cultura», 22 de julio de 1986.

cenas de interior es la manera de vivir dándole un alma; el gesto familiar, la dulzura de un orden aposentado y urbano; hasta el aire, como si estuviera suspenso. Profundizar en la realidad cotidiana con el amor y el recogimiento, a través de la paciente observación y del oficio cuidado y primoroso. Captar el instante que resume todas las secuencias.

A propósito de todo ello se me antoja un paralelismo y hasta un contrapunto entre estos dos monstruos de la pintura que son Vermeer de Delft (1632-1675) y Antonio López García (Tomelloso, 1936). La obra de este último recorre actualmente las grandes capitales: Bruselas, Nueva York, Londres, con gran éxito de público y crítica.

Tenemos, por ejemplo, dos obras maestras que trascienden el tema urbano: *Vista de Delft* y *Vista sobre Madrid* (1965-1970). El nacimiento del paisaje urbano, como género, está ligado a la aparición de los dibujos topográficos. Pero aquí, en ambas telas, la ciudad está reflejada con el realismo que se desprende más de una manera personal de pintar que de una exactitud topográfica. Un realismo extrañamente nórdico, en el caso de Antonio López García.

Ningún otro arte ha intentado plasmar detalladamente ese estado de ánimo que uno pueda sentir al observar y captar en su plenitud la belleza del escalofrío del amanecer a las puertas de la ciudad. Un amanecer más apacible y anecdótico, en Vermeer, mientras que en la vista de Madrid el único elemento vivo es el reclamo luminoso que anuncia el nombre de una empresa multinacional.

Más de la mitad del cuadro de la vista de Delft está ocupada por un inmenso cielo nuboso, cuyos amenazadores nubarrones provocan las inquietantes siluetas de los límites de la ciudad que se proyectan sobre el río.

En la vista sobre Madrid no es el río el que atraviesa horizontalmente la tela, sino que un descampado, un desmonte y una tapia zigzagueante marcan donde la ciudad pierde su nombre. La ciudad inconmensurable que surge desde el reino del silencio. En uno de los cuadros más inquietantes del artista, *Atocha* (1964), una pareja desnuda hace el amor en plena calzada bajo la luz sombría del temprano amanecer.

En Vermeer, contrariamente, es la mirada serena la que plasma un mundo sin fisuras. Son escenas de la vida cotidiana de la sociedad burguesa, protestante y floreciente de los Países Bajos. Una sociedad que trabaja, observa y estudia el universo, comercia con el mundo, y cuyo espíritu hará posible el gran desarrollo maquinista del siglo XIX y los Estados Unidos. En definitiva, creará el modelo de la sociedad capitalista occidental.

En *La joven del turbante* el artista holandés retrata a la adolescente ingenua que aparece dócil a la mirada, como mostrando la inocencia de la condición humana. Mientras, en el retrato de *Francisco Carretero* (1961-1963), el gesto catatónico de hombre de pueblo mesetario refleja algo así como la materia, el lugar donde el tiempo muerde apenas. El hombre fósil, de esa España sumida en sus recuerdos, decrépita, católica y aislada. Una España que todavía pervive, anclada en su silencio. Es el eco del pueblo cuya participación en la historia es simplemente inerte. La sociedad estancada de finales del franquismo que se niega a proseguir.

Hay en estos dos maestros de la pintura una suerte de monstruosidad íntima de la inmovilidad (que al mismo tiempo es acción en Vermeer), mediante la que logran trascender su entorno más próximo, la cualidad de tal o cual escena. Y el estilo aparece incorporado, transformado a través de la frialdad.

Sin embargo, la obra de Antonio López García respira una negatividad en la vida que lo envuelve todo y que hace aparecer la realidad en su forma más descarnada, más desalmada. Los interiores, a veces tan sórdidos y vulgares: la serie en que aparece el W. C. –el elemento más vulgar de la vida cotidiana–, no descontextualizado como lo expuso en su día Marcel Duchamp, sino tratado con el mismo rigor y sensibilidad con que lo está cualquier interior de Vermeer. Como lugar sagrado donde el tiempo transcurre a otro ritmo que el que rige más allá, donde la actualidad se agita. Espacio receptáculo de la fatalidad.

El simple esbozo de un ser muerto o de una calle solitaria; la habitación recogida de la casa abandonada por un tiempo, el taller del artista anclado en su mugre y su desorden. Descubrirlo en su miseria y su olvido, como cuando en nuestra infancia subíamos al desván donde la atmósfera estaba cargada de un no sé qué, y el tiempo había tejido el hilo que nos atrevíamos a romper como quien rasga impunemente el velo de Isis.

46

LA PACIENCIA DEL REALISMO. «VOCES INTERIORES»: UNA EXPOSICIÓN EN LA FUNDACIÓN SANTILLANA[1]

Nos encontramos ahora frente a un batiburrillo de estilos, todos ellos carentes de ingenuidad, que orientan sus formas no tanto por el contenido expresivo cuanto por el arte de épocas anteriores. Una heterogeneidad de tendencias que va desde lo más abstracto hasta lo concreto, y que no significa más un subjetivismo o un capricho en la selección de los grados de realidad como, a lo mejor, un signo de dispersión en los criterios de realidad, y el intento, quizá, de aunar abstracción y naturaleza. Una suerte de manierismo.

Ya Hauser definió el manierismo como la primera orientación estilística moderna ligada a un problema cultural, donde la relación entre la tradición y la innovación se resuelve por medio de la inteligencia.

1. *La Vanguardia*, verano de 1986. Con motivo de la exposición «Voces interiores: doce realistas españoles», celebrada en la Fundación Santillana de Santillana del Mar.

Intelectualismo que hoy es, unas veces, un egocentrismo extremado, plagado de tensión y rayando en el histerismo, definido como posvanguardia; otras, una profundización e interiorización de la experiencia cotidiana y la recreación de un entorno vital espiritual, a través de la quietud, lo que lleva a valerse del realismo en sus múltiples vertientes.

Viene al caso, entonces, comentar la exposición que con el título de «Voces interiores: doce realistas españoles» se ha celebrado este verano en la Fundación Santillana de Santillana del Mar.

Se trata de una selección de pintores, nacidos casi todos ellos en la década de los cuarenta, que cultivan el realismo como expresión artística. Parece como si estos artistas se recogiesen en una meditación, con argumentos particulares, con otros contenidos y actitudes que la de renovar el contenido gramatical clásico: oscurecer, ocultar, manifestar la naturaleza no esencial sino fantasmal de la cosa.

Hay un orden extraño en muchos de estos cuadros que en algunos casos es simbólico. Tenemos, por ejemplo, la *Conversación amorosa* de Matías Quetglas, la obra más enigmática y sobresaliente de esta muestra: sobre un fondo indefinido los cuerpos yacen en posición invertida, el del hombre vestido, en un estado de decrepitud alarmante, carcomido casi por el tiempo, bajo el de la mujer de formas voluptuosas, como una bella durmiente recostada desnuda y abrazada a su amante, detenidos ambos y aprisionados en la materia. Los contrarios unidos en petrificado gesto vacío de significación. La escena tiene un carácter de

48

aparición, de visión de estos seres casi fósiles, en espera de una resurrección acaso, sorprendidos en un letargo próximo a la desintegración, apegados a un pasado vencido. Lo humano ha quedado reducido a material inerte, sumido en una situación indefinible, escatológica, y, a su vez, en una anonadadora irrealidad. La materia despojada de todo sentido vital parece estar a la espera del «soplo divino» que le devuelva la vida.

Este impresionante lienzo, donde el volumen está evocado con maestría, curiosamente, al plasmarlo en escultura pierde tanto la calidad como el efecto.

El espíritu de Saturno renace de nuevo: espera, soledad, melancolía. La naturaleza recupera su misterio; parece como si volviera a ser aquel hermético e inaccesible recinto. Hay un notable acento romántico en la mayoría de estas obras: ruinas, paisajes brumosos (César Luengo), visiones opacas (Roberto González), sombras alargadas (Clara Gangutia), paisajes y arquitecturas extrañas (Jesús Ibáñez), jardines umbríos (Eduardo Verdasco), habitaciones y calles solitarias (Miguel Vilà), la visión nocturna y la acción devastadora del tiempo (Fernando Rodrigo).

La soledad es una constante: lugares abandonados, paisajes sin figura, caballetes sin cuadro. La flagrante presencia de ausencia. Música Callada.

Hay en todos estos artistas una preocupación por el trabajo bien hecho, por el oficio artesanal, por la tradición... Ello unido a una actitud «espiritual» frente a la pintura. Una manera de pintar muy propicia a la meditación, a recrearse en la memoria, y a resolver el conflicto entre la visión interna y la percepción exterior. Como si se anhelase una relación nueva con el mundo. Una tendencia al equilibrio, a la armonía, al clasicismo. Manierismo, romanticismo, clasicismo. Neoísmos que manifiestan la vulnerabilidad del arte en el mundo contemporáneo.

No es un arte descriptivo: las cosas adquieren una razón de ser a la vez universal y secreta. Hay un redescubrimiento de la magia del cuerpo, de la composición, de la acción dialogada (falta el retrato), de la habitación con identidad o la ventana que evoca la relación entre la vida exterior y el mundo interior.

Como en los *sfumatos* de César Luengo, que tienen casi la textura de las fotos antiguas coloreadas. La pincelada es tan sutil –caligráfica– que corre el peligro de caer en el amaneramiento, como, de hecho, les ocurre a algunos de estos pintores.

Ellos buscan captar el aspecto mágico de la cotidianidad, volviendo a pintar pacientemente ante una luz indecisa, la del alba, o una luz de atardecer que provoca esas sombras alargadas. Una luz mediterránea que todo lo tiñe de ocre, como en el magnífico «bodegón de la bandurria» de Serra de Rivera, que sorprende por la fuerza rotunda con que plasma la cosa, y esa simplicidad diáfana de quien «mira las cosas tal como son». Un realismo que entronca con la tradición barroca de la escuela española.

LOS DELIBERADOS DESVARÍOS
DE PEREJAUME[1]

Ya los artistas románticos vieron en la noche a la genuina portadora de las fuerzas más estimulantes de la vida, y en el viaje una búsqueda de la identidad a través del dolor y del propio sufrimiento. Aunque se trate del mismo «viaje sin meta» que la conciencia romántica asigna a la vida humana, en la obra de Perejaume (Galería Joan Prats) el viaje y la nocturnidad –que son una constante– simbolizados mediante la nave-ave que se desliza por el paisaje brumoso, o el tren y el buque que cruzan la escena oscura del alma, o el caballo blanco cargando a su *alter ego*, el caballito de mar, y desfilando ante la cortina del bosque a la luz del alba, están expresados en términos menos dramáticos y abismáticos que en los paisajes de C. D. Friedrich. Existe un componente lúdico y hedonista que se nutre de la poética de Miró y de su más allega-

1. Inédito, 1987. Con motivo de la exposición sobre Perejaume en la Galería Joan Prats de Barcelona.

do, Joan Brossa, a su vez maestro, en su día, de Perejaume. Este bebe en las fuentes mironianas e investiga en los objetos de su entorno las múltiples relaciones de las cosas para provocar lecturas más complejas que las propias de la simplicidad y espontaneidad infantil, corriente fundamental de este siglo.

Fueron los arquitectos modernistas los primeros en utilizar el collage y en introducir el objeto encontrado en la obra de arte: pienso en las chimeneas del Palau Güell (1886-1889), todas ellas revestidas con fragmentos de cerámica y vidrio (platos y botellas rotos) y que seguramente Picasso vio; o en aquel sagrario de la iglesia rural de Tarragona (1913), que es una antigua máquina de sulfatar el campo, obra del más surrealista de los arquitectos, Josep M. Jujol. Brossa llevará esta poética a un entorno urbano. Y Perejaume al suyo: donde el bosque del Montnegre viene a morir en el Maresme. Allí convocará, cual demiurgo, a los invisibles fluidos y al azar para que se manifiesten. El bosque y el mar serán sus puntos de referencia más recurrentes. En este sentido *Crepuscle a Sant Amanç* y *A 3000 metres de pintura sobre el nivell del mar* son sus últimas pinturas más elocuentes.

El enraizamiento con su tierra natal es similar al de Miró, quien reconocía que gran parte de su lenguaje lo recogía directamente de la tierra, al igual que los payeses de Montroig. Para Perejaume, los pesebres y *tions* son los dos ritos que contienen el país, y los recoge convencido, a pesar de su anacronía y ruralía, de que es en ellos donde se consolida su mensaje: «El pesebre ha sido para muchos el aprendizaje en el

52

uso de la metáfora, y el *tió* el poder transformador de los objetos. Ambos, al margen de otras finalidades más inmediatas, otorgan un protagonismo casi absoluto al paisaje, ilustrándolo de una forma y con un funcionamiento parecido al del jardín zen», escribe en la revista *Artics*. También: «Catalunya es la distancia que separa a dos espejos: el mar Mediterráneo y el bosque gótico. Un pequeño espacio de síntesis, variedad y pequeñez, donde los contrastes unen aquello que diferencian. Una sucesión de culturas y una federación de fragmentos lejos de todo intento dictatorial. Esta fuerte unidad del país poblado por tantas facciones paisajísticas está presente en todos los grandes momentos de nuestra historia. Y los períodos más creativos han coincidido con un aprovechamiento sincero de esta ambigüedad. De aquí viene que, en la reconstrucción del cambio de siglo, el arte, en tanto que dimensión de lo posible, y no solo de lo existente, tuviera un papel muy activo en la visión global y recomposición de Catalunya». Y sigue: «Mediterraneísmo y mundo nórdico, vanguardia y tradición, espacio rural y espacio urbano, el *seny* y la *rauxa*, el pastor y la sirena... estos diálogos con tantos años de cultivo sitúan a Catalunya como modelo de comprensión de la diversidad».

Con esta oda a la *terra nostra* el artista resume la idea, el pensamiento y el sentimiento que subyacen en su obra. Se trata de un discurso propio, arraigado en el pasado y en el entorno, que amplía la metáfora del espacio-materia y descubre aquella presencia oscura preexistente a la imagen.

Apenas nueve meses han pasado desde que Perejaume expusiera en Madrid –el mismo tiempo de gestación de su hija Alzina del Mar, que acaba de nacer– y ya se pueden contemplar las secuencias metafóricas que conforman el trabajo de este tiempo. Fotografías, vídeo, pinturas, esculturas, poemas, ensamblajes, instalaciones, son las diversas técnicas de las que se vale el artista para expresar sus deliberados extravíos.

Una parte de la doctrina zen se refiere a que quien no haya sido arrancado de sus hábitos racionales de pensamiento será incapaz de llegar a la sabiduría. Perejaume propone un lenguaje interdisciplinario basado en el aprendizaje de la metáfora, en el proceso analógico de conocimiento, hoy reivindicado desde las ciencias más puras. La metáfora y el collage son su sintaxis salvadora –dice– que le sirve de guía en la incertidumbre metafísica, allí donde arranca el propio dilema del artista.

Son los giros metafóricos, los guiños y trucos que provienen de Magritte, aquellos equívocos fortuitos o deliberados, el mismo mecanismo de transgresión, el azar determinante, la escisión irreconciliable, el procedimiento daliniano de que una forma represente otra o varias a la vez. El espejo (que ya había utilizado Sert en su día) es el soporte sobre el que se desliza el agua, como si fuera un ojo lloroso cuyas lágrimas van a llenar el cubo, fragmentando el tiempo con su goteo intermitente. También es intermitente la luz del faro de Calella, que se proyecta mediante tres cámaras de vídeo, cuyos rayos son los raíles de tren que se entrecruzan formando una estrella de cinco puntas, mientras un artefacto en desuso, el cambiavías, amenaza con desviar y romper la imagen proyectada. De tanto en tanto se hace el eclipse. Es la instalación que preside esta muestra y la pieza que resume mejor la poética de Perejaume: *A la faror dels estels*. Muy cerca, *La distància més curta*, el astro nocturno dispuesto a rodar (formado por un ensamblaje de neumáticos), alude al movimiento, y a su lado la luna negra es un fragmento de rueda del tren. El perfil de su rotura indica la vía lunar: intuición, imaginación y magia de las que se nutre el artista para formular sus elocuentes destinos. Es un arte conceptual. Lo que nos interesa queda sustraído a nuestros ojos. Frente a la realidad inaccesible, Perejaume siente la necesidad inexorable de abrir caminos, de crear equívocos, de jugar, para que el secreto, aun perdiendo su condición, se manifieste. Él investiga en los recónditos parajes del lenguaje, convocando al azar para que se pronuncie. Y así surgen esas secuencias que se contraponen y relacionan, cargadas de un humor sutil, algunas más acertadas que otras. Se permite incluso hacer concesiones a la moda en cuanto a los ensamblajes, apartándose así de su poética habitual para entrar en un terreno más frío en el que se debilita su discurso. Una cierta torpeza al elegir el soporte o al aplicar la pintura se desprende en el conjunto, aunque en las instalaciones es donde logra una coherencia más rotunda.

En estas invocaciones a la naturaleza hay una expectativa gozosa. Vienen a ser el receptáculo del pasado en un perpetuo presente. Y Perejaume algo así como el depositario de la continuidad.

EL FENÓMENO BARCELÓ[1]

Hace ya casi un siglo que la arquitectura desechó lo pictórico de su repertorio. Loos declara la guerra al ornamento y Le Corbusier afirma que los cuadros deben guardarse en armarios y tan solo sacarse para su contemplación en determinadas ocasiones, al tiempo que atribuye a su propia obra pictórica el trabajo más secreto. Tal situación viene agravándose últimamente a raíz de la construcción de los nuevos museos de arte y el excesivo protagonismo de la arquitectura en detrimento de la obra plástica para exponer.

En este sentido la exposición de Miquel Barceló (Felanitx, 1957) contribuye a azuzar la polémica en torno a los límites de la arquitectura. La intención de exponer en la antigua Casa de la Caritat antes de que los arquitectos la remodelen como sede del Museu d'Art Contemporani, y sus quejas por la agresiva intervención arquitectónica sobre la ciudad, así como

1. *El Independiente*, 9 de enero de 1988.

por la estrecha colaboración entre arquitectura y poder, forman parte del récord sensacionalista y la estrategia de marketing que se origina alrededor de este pintor de treinta años que vuelve triunfante a la ciudad que le acogió en sus años de formación, después de su consagración en la meca del arte, Nueva York.

Además de su talento como pintor –a pesar de que la crítica especializada, refractaria ante este tipo de fenómenos espectaculares, dude de su autenticidad–, hay en torno a Barceló una euforia que viene a coincidir con la del proceso democrático y el renacimiento cultural de una España que resulta ser el punto de mira de las sociedades avanzadas. Y también con el deseo por parte de una juventud ávida de un faro cultural que venga a sustituir el vacío creado por Tàpies o por Saura. De otra parte, su obra converge con la ola de esteticismo, cosmopolitismo y mediterranismo que invade el panorama artístico internacional. A lo que hay que sumar la paranoia del artista de ser un «gran pintor» y su extraordinaria capacidad de trabajo: algo que se refleja en aquella obra en la que aparece «sudando tinta» –Ink– abrumado por el peso de los papeles, y también en los estudios preparatorios, débiles y burdos, además de confusos, que conforman la génesis de sus obras.

Si bien puede uno caer en la tentación de creer que Barceló es un geniecillo prefabricado, la de él es una pintura fenoménica, visual y visceral, efectista y barroca, ornamental y simbólica. Pintura de efectos (efectos que suscitan afectos, dice el proverbio veneciano). Efectos de transparencia en las numerosas vasijas de cristal, o las peceras, cristal al que veneraron los místicos y surrealistas. Efectos translúcidos, de agua y de humo a base de veladuras, turbias de luz y de espesura, que cubren los bodegones como si se hallasen en un medio oscuro, flotantes, en suspense, presos en el espacio de la congelación. Y a veces se pudren: *Black Salad*. Efectos de claroscuro: *Le début du film, Lumière avec bijoux*. Luz que se vuelve humo –*Smoke and water*– o resplandor: *La plata*. Luz de lámpara maravillosa –*Chemin de lumière*– o luz de candelabro –*Deux petites, une grande*– símbolo de la luz espiritual y de la salvación.

Los continuos agujeros que se forman al revolver en la sopa de los recuerdos: remolinos, torbellinos, arrollamientos, grietas, agujeros negros, ilustran la locura barroca de la espiral: *Memorial Soup*. Y la emoción del vacío. El palo erecto, quemado de muerte, que se introduce en el agujero, prisionero de la repetición –*Two Poles, Eight Poles*– tiene una gran componente erótica. Y los huecos de las vasijas –*Sístole diástole, Euroafrisia*– que tradicionalmente simbolizan el ámbito donde se produce la mezcla de las fuerzas que dan lugar al mundo material. El Tiempo y la Transformación son las constantes de la obra de Barceló. Ese pintar recubriendo hasta que finalmente surge la imagen recubierta por las aguas frías, como una aparición.

Barceló es un patán de buen gusto, un bruto con sensibilidad, un «chapa» con garra, que abandona la tosquedad y el salvajismo de etapas anteriores por un lirismo más refinado y depurado.

EL ENCANTO VETUSTO
DE LOS BALNEARIOS[1]

La naturaleza es el más perfecto de los laboratorios. Esta es la manera de entender la medicina que tienen los hidrólogos, y gran parte de la historia de la medicina se ha basado en este presupuesto. Las aguas fueron el principio de la terapia y curación en nuestras culturas a lo largo de los siglos. La inmersión en ellas, con su doble sentido de muerte y disolución pero también de renacimiento y nueva circulación, multiplica el potencial de la vida. De las termas romanas y de los baños árabes todavía quedan, muy cercanas, algunas huellas.

El culto al cuerpo, en nuestras antiguas civilizaciones, era una forma de alcanzar el equilibrio, y el agua, en tal sentido, poseía —y posee— la virtud de corregir impurezas y de conservar la juventud. Nuestros antiguos no separaban, como nosotros lo hacemos, el

1. *La Vanguardia*, «Cultura», 16 de abril de 1985 (con motivo de una exposición de fotos de Marta Povo).

interior del exterior físico: las enfermedades y las carencias, o sea, el desequilibrio interno, se traslucían en la conformación del cuerpo así como en la piel. Medicina preventiva y medicina terapéutica han bebido en las fuentes termales.

España es una tierra riquísima en aguas termales. Prueba de ello es la cantidad de balnearios que existen, y sobre todo existían, ya que una gran parte de ellos han sido abandonados o transformados en hoteles. En Cataluña tenemos el caso, único en el mundo, de Caldas de Bohí, donde hay treinta y siete manantiales diferentes con temperaturas oscilantes entre los 4 y los 64 grados.

Las aguas termales son, pues, una fuente de riqueza inagotable que en el resto de Europa están altamente consideradas y magníficamente explotadas. Los balnearios europeos están incluidos en el régimen de la Seguridad Social, y hasta en muchos de ellos –concretamente en la cadena de balnearios del suroeste de Francia– se ha cuidado y experimentado con la alimentación incluso, de forma que sea más sana y equilibrada al mismo tiempo que sabrosa; la cocina francesa, así, ha evolucionado conceptualmente sin perder su refinamiento.

El balneario siempre ha sido un lugar refinado donde se repite el esquema doméstico y familiar y el mundo burgués despide algún aroma de mito. Aunque la base de la terapia sean las aguas medicinales, también se cultiva el ocio y el contacto con la naturaleza, el tedio o la diversión, el deporte o la inercia, la música o la cenestesia, la danza o el reposo.

Detengámonos por unos momentos en la exposición de fotografías que con el título de «Espais balnearis» se acaba de inaugurar en la sala de la Caixa de Pensions de la calle de Montcada.

Marta Povo se desliza sigilosamente por los decadentes balnearios de Cataluña para sorprenderlos en su decrepitud y captar la atmósfera que alienta en sus interiores: espacios cargados de recuerdos, de perfumes, de reminiscencias y de silencios. Ella busca desvelar aquello que encierran esos muros, arquitecturas de otro tiempo, donde el ritmo es otro del que rige en la gran urbe. Jardines umbríos en los que aún perdura la geometría del trazado. Estancias en las que todavía se oyen los rumores. Ruinas y despojos mugrientos de lo que un día tuvo su razón de ser, su utilidad. Salones por los que circula un aire enrarecido y una nostalgia del esplendor pasado. Pianos de cola que de tanto en tanto suenan. Todas ellas, imágenes que poseen una realidad inconfundible y al tiempo desvaída. Figuras sin sombra. Presencia implacable de la cosa, con todo su rigor y su impudor, su dureza y su crudeza.

La figura humana aparece unas veces borrosa, confundida entre los vapores y corrientes de agua, vislumbrada a través de las gruesas vidrieras, fantasmagórica y surrealista desvaneciéndose en su propio canto y encanto; otras veces, hiperrealista, el cuerpo deformado por la mala salud y azotado por los chorros de agua beneficiosa, cual rito de purificación.

Las calidades de la luz son algunas veces extraordinarias: cuando se refleja en los muros de azulejo blanco o en los suelos de cerámica, o cuando atraviesa la persiana de aquella ventana arqueada al modo de los árabes (Vichy). La luz cegadora y mediterránea que irrumpe por los grandes ventanales del balneario de Montagut proyectándose en las celosías de los muros interiores. Los destellos que despiden las lámparas pendidas de los altos techos, decorados con múltiples frisos y molduras, en las Termas Orión. Las habitaciones apenas alumbradas por un leve rayo que se difumina al tiempo que resalta, fantasmagórico, un jarrón de flores recién recogidas del jardín. Luces que se reflejan en espejos que a su vez proyectan otras luces con otras calidades.

La época dorada de los balnearios fue todo el siglo; concretamente, desde la Revolución francesa hasta la guerra del catorce. Es el siglo por excelencia de la novela, y la arquitectura coincide con este momento estéticamente narrativo y estilísticamente ecléctico.

Arquitectura seductora con sus ritmos internos, sus fisuras, sus interrelaciones y toda una estrategia estética incitadora de los sentidos. Espacios útiles y espacios perdidos que incitan al juego y al devaneo en una evocación historicista de los lenguajes del pasado, sintetizando el universo burgués, íntimo, dulce y lúdico del XIX.

El relato está lleno de atractivos y cabe la sorpresa de la ornamentación sugestiva de los esgrafiados, estucados, azulejos, celosías y pérgolas, vidrieras floreadas y espejos biselados, arrimaderos... La multiplicidad de formas y materiales que llevan implícitas las artes aplicadas: la pureza de los materiales más nobles, la línea zigzagueante de las barandillas, el juego de luces y sombras de las balaustradas infinitas o las texturas increíbles que dejan la huella del paso del tiempo en los restos de algunos de estos edificios. Edificios modernistas con un fuerte sabor ecléctico, en los que aún se adivina la vida cotidiana de la época. Del tiempo de cuando nuestros abuelos huían del mundanal ruido en busca de la salud perdida, acompañados de toda la familia. Allí se desarrollaba el programa familiar en un ámbito cerrado, clasista y mundano.

En Cataluña y en España, los balnearios fueron feudo de la clase media. La gran burguesía y la aristocracia, generalmente, solían acudir a tomar las aguas a Francia y a Alemania, donde había más confort, y sobre todo, donde se relacionaban y tenían acceso a las «personas del gran mundo europeo». Mundo todavía más exclusivo y de un refinamiento moral y formal muy decadente, donde se hablaba poco de salud, porque era de mala educación, y se llevaba una vida social bastante intensa.

La terapéutica de las aguas comenzó a decaer con la aparición de los antibióticos, las vitaminas y especialmente cuando las propiedades de las aguas se pudieron reducir a polvo.

Parece que, en estos momentos en que nuestros organismos se hallan saturados de química concentrada –por no decir intoxicados–, no solo por la cantidad de barbitúricos que nuestros estómagos han sido obligados a soportar, sino por la acuciante contaminación del medio ambiente, se da hoy un renacimiento de los balnearios. Aunque está en marcha un proceso de modernización a iniciativa de los propietarios de estos centros terapéuticos, el tema está muy descuidado por parte de la Administración y de la clase médica.

La medicina moderna ha perdido el sentido del cuerpo humano entendido como un microcosmos, y ha abusado enormemente de las píldoras. En estos últimos años ha sufrido tal desprestigio que han empezado a proliferar un sinnúmero de medicinas alternativas que enseñan a respetar y a conocer a cada paciente su propio cuerpo. En este sentido cabe perfectamente una vuelta a este tipo de terapéutica más natural y equilibrada, que contempla el organismo como un todo.

Cada vez son más los enfermos urbanos que buscan un espacio donde recuperar el equilibrio de su sistema neurovegetativo al tiempo que anhelan un reencuentro con su cuerpo.

DEL AMOR Y LA MUERTE: ANTONI TÀPIES[1]

> El amor y la muerte son las únicas co-
> sas bellas que tiene el mundo.
>
> G. LEOPARDI

Hay en esta última exposición de Tàpies múltiples referencias y signos al tema amor-muerte, que
bien podría ser el guía de la muestra. Y bien reforza-
ría ese carácter y naturaleza romántica que subyace en
toda su obra. Son continuas las alusiones al sexo, al
cuerpo femenino, a la conciencia de la escisión (sus
iniciales quebradas, objetos partidos), al fin de viaje
(cajas negras, siluetas yacentes, féretros desvencijados,
signos de «cruz y raya», la calavera), al duelo (bandas
negras), y al «paisaje después de la destrucción» (despojos, fisuras, huellas, grietas, descortezamientos, materiales gastados, consumidos y deteriorados, que ya
han cumplido su función). Imágenes de extinción, bo-
rradas, desfiguradas, denotan los impulsos destructi-
vos cuyo lugar de acontecimiento es el cuadro. Tàpies
da rienda suelta al temible rayo de la impotencia aplicando directamente su cuerpo: arañando, golpeando,

---

1. *El Independiente*, 22 de julio de 1988.

pisando, flagelando, incluso acariciando una realidad en desintegración. Como si celebrase el ritual de la *rauxa*. Una rabia ante el triunfo de la mediocridad, ante la imposibilidad de comulgar con el cosmos: puertas y muros se interponen ante el horror de una inmensidad que desborda la mente humana. Su gesto es como el del rayo destructor de las formas materiales. Su mundo, el de un mundo inmundo pero gozado en una ética. Su mirada, tejida de amor y de muerte, de nada y de sublimidad, de melancolía y de furor. Mirada lasciva, de *voyeur* (el antifaz), por donde asoma el ojo de la concupiscencia. Eros y Tánatos se consumen en cenizas.

MIGUEL CONDÉ O LA PANTOMIMA
DE LA METAMORFOSIS[1]

Pocas pinturas dejan tal impresión de extrañeza como las de Miguel Condé (1939, norteamericano de origen mexicano, establecido en Sitges desde 1969), que ahora expone en la galería Ignacio de Lassaletta. Todo aquel que contemple estos cuadros siente o presiente una suerte de fascinación por ese espacio nulo pero imantado donde unas figuras monstruosas danzan, avanzan, emergen o se desdoblan en busca de su cuerpo quimérico.

Son unas figuras extraordinarias, muchas de ellas provistas de máscaras, como si con ello tratasen de facilitar y ocultar la transformación que viene a convertirlas en una forma existencial anhelada, lo que simbolizaría, según la tradición, una función cosmogónica. Otras aparecen ataviadas de vestimentas con tatuajes inciertos, como si de un alfabeto mágico se tratase. Un criptograma indescifrable de signos gráficos: líneas on-

1. *El País*, 26 de mayo de 1989.

duladas y zigzagueantes, grecas, dardos, círculos y triángulos, símbolos de la actividad de las fuerzas naturales y de los elementos.

Son figuras arquetípicas, en ademanes sonámbulos, en andares de ascetas vagabundos que en su extravío están condenadas a la espera que las ha inmovilizado. Unas, detenidas en una pausa universal; otras, portadoras de palmas, en señal de victoria, y también de fecundidad.

Figuras cercenadas, descuartizadas en geometrías ingrávidas, brazos y manos desdoblados. Enraizadas en el suelo, cual esfinges del Mediterráneo, parecen espejismos y nostalgias de un mundo extinto. Figuras esculpidas por el sueño en el jardín suspendido de la asfixia. Un sueño que recuerda algo al de Max Ernst, aquel del maleficio en el que uno se pregunta: ¿Adónde, a qué región del ser, a qué existencia, de qué mundo, en qué tiempo?

Pero en Condé hay una serie de reminiscencias, en las que recoge todo el polvo de la historia de la pintura. Él es un artista culto, conocedor profundo del arte del dibujo –es un excelente grabador–, amante de la tradición mediterránea, de la gran pintura, de los cielos claros e imperturbables, de la luz que a veces es un fulgor.

Los óleos son más duros y rotundos, incluso ásperos, que las acuarelas, donde el agua suaviza y diluye el lenguaje: los colores taciturnos y los fondos casi cubiertos de una tierra fecundada. De vez en cuando, una suerte de madona, quizás una sibila o una diosa, una mujer maternal surge entre la maleza y el arenal, dotada de una templanza pensativa, y presa de una total resignación, a la espera de un acto inscrito en el calendario de los siglos. Hay un sinfín de alusiones y enigmas eróticos, de símbolos tan elocuentes como los senos femeninos cubiertos de dianas con flechas, o los «brotes» de árboles que nacen de las cabezas, o las cabelleras en forma de coronas de espinas.

De un tiempo a esta parte la obra de Condé ha experimentado una evolución sorprendente; el color ha subido de tono, el dibujo es más nítido, más preciso, la pincelada más suelta y segura. El lenguaje se ha ido depurando, clarificando, liberando de atavismos. Todo ello ha contribuido a rejuvenecer este corpus que se sitúa en un estar indiferente, más allá de hermosura y fealdad, del sentido y sinsentido. Todo resulta metafísico en esta obra de carácter místico, no exenta de ironía.

MIRÓ: DE LOS PRINCIPIOS
A LAS *CONSTELACIONES*[1]

La Fundación Miró pronto cerrará la magnífica exposición, que luego itinerará a Londres, sobre la época más fructífera de la obra mironiana: los años treinta. Ciento veinticinco obras procedentes de todo el mundo, entre ellas los maravillosos dibujos preparatorios procedentes del fondo de la Fundación, conforman esta muestra excepcional que bien vale la pena el viaje.

El estado mental incubado por Miró en la década anterior provocará ese arrebato que le llevará a proclamar el deseo de asesinar la pintura. Y el cuchillo inerte de las telas cubistas lo blandirá impunemente como elemento destructivo de un arte que para él se hallaba en decadencia desde la edad de las cavernas. Paradójicamente, de esa negación de la pintura, del deseo de aniquilar la materia, de destruirla, surgirá un lenguaje renovado. Son los años que

1. *El Independiente*, 13 de enero de 1989.

70

culminarán en las *Constelaciones*, conectando inconscientemente con los nuevos avances científicos de aquella época: cuando se investigan y descubren los rayos cósmicos, se desarrolla la teoría relativista de la expansión del universo, Einstein expone su teoría del campo unitario y Morgan la teoría del gen. La pintura de Miró participa de un modo poético en esos descubrimientos. Anuncia mediante balbuceos y gestos sonámbulos otro tiempo dentro del Tiempo; quieto, sin horas, ni peso, ni sombra, sin pasado ni futuro. Penetra en el corpus dormido del éter convocando cifras del universo sideral, con un refinamiento exquisito y una delicadeza cuyos fondos sutiles contrastan con el trazo seguro y color valiente de las formas.

Parece como si Miró estableciera una relación de amor-odio con la pintura; ello le lleva a plasmar unas imágenes inquietantes, sobre todo cuando no sabe qué hacer con «ella», y va probando nuevos soportes –alquitrán, cobre, hojalata, papel de lija, fibrocemento– y nuevas técnicas: el collage, garabatos; suprime el modelado y el claroscuro, y así la profundidad no tiene límites y el movimiento se expande hacia el infinito. A veces suena como un grito sobre un cráter extinto –*El Segador*– o nos sumerge en el laberinto de otras galaxias –las *Constelaciones*– (estas en el simbolismo chino constituyen el tercer elemento).

Los personajes del drama son los astros, la mujer y los pájaros: monstruos benéficos, desgreñados del alba, engendros del espacio vacío que en su universal indiferencia pueblan un mundo mágico en el que se mueven

71

como pez en el agua. Y a veces parece que dancen en un continuo y feliz carnaval de despropósitos.

No hay que olvidar que las principales armas del surrealismo para llevar a cabo la revolución total en el campo de las artes fueron el irracionalismo, el sarcasmo burlón y el escándalo, en la época dadá; luego, en París, se introducirían nuevos elementos de creatividad como el automatismo psíquico y los fenómenos oníricos. Es entonces y allí cuando irrumpe Miró con el ingenio e ingenuidad del payés del Baix Camp *tarraconensis*, llegando a ser el niño mimado de A. Breton junto con Masson: los únicos pintores a los que consideraba auténticos, los alumnos que habían entendido mejor la lección surrealista. (Dalí, en cambio, era una vez más «expulsado de clase».) Es entonces y allí cuando Miró fija las pautas de ese carácter tan personal que tiene su obra, cuando el dibujo se convierte en un medio indispensable, cuando ya no hace distinción entre poesía y pintura.

A medida que Miró se aleja de los cenáculos surrealistas, su lenguaje va transformándose: apariciones, metamorfosis, volatizaciones, precipitaciones de presencias, configuraciones del inacabamiento. Transgrede todo convencionalismo en la forma, el color, el espacio, el soporte... Del formato intimista pasa al gran formato con una seguridad propia de un maestro. Son los años heroicos y felices de la pintura. Años de crisis, de guerras, de grandes avances técnicos. Y París es el centro del mundo. Pero la inspiración de Miró proviene de su tierra natal y bebe en las fuentes de la espontaneidad y la simplicidad infantil.

72

Asimismo, nos transporta en ese oleaje de imágenes húmedas, de líneas, figuras, formas y colores: remolinos donde se anega el ojo y se extravía el entendimiento.

ANTONI LLENA: LA REALIDAD MINADA[1]

En la Fundación Miró de Barcelona confluye la obra de esta década de dos artistas a la que el concepto de arte efímero le es consustancial. Las piezas amenazan con desvanecerse aunque de una forma distinta: las esculturas de Carmen Perrin (La Paz, Bolivia, 1953) se desarticulan y se pliegan, convirtiéndose en un montón de escombros que como palabras rotas pierden su significancia y vuelven a un estado inerte. Son artefactos, piezas montadas, ensambladas, engarzadas, ajustadas el tiempo que dura la muestra. Luego se descomponen en partes, que permanecen estratificadas en vida. En Llena (Barcelona, 1942) es el propio material –papel– el que tiene una consistencia débil y limitada. Son creaciones sustentadas en la vivencia de una plenitud existencial fundamentalmente efímera, que tiene su momento más brillante en el arte minimal de los años sesenta. Y así, el diálogo construcción-destrucción

1. *El Independiente*, 17 de noviembre de 1989.

carece de drama. El *pathos* romántico no existe, ha sido sustituido por una obra que se vampiriza a sí misma, y tan solo queda en el recuerdo.

Hay una elegancia en estas obras, una simplicidad ingeniosa, un buen gusto intuitivo, un «corte y confección» sin más finalidad que la de revelar el campo infinito de metamorfosis que en Perrin son tensionadas y frías, y en Llena, etéreas y voluptuosas. Materias duras o blandas, sobre las que el azar teje, trama, entrelaza en este continuo juego de construcciones.

Antoni Llena trabaja un papel tratado, en cierto modo prefabricado, y se vale de una técnica muy simple basada en la tijera. El filo del cuchillo rasga y secciona en busca de los varios planos, donde asoman los vacíos y el aire circula y se filtra entre ellos: agujeros, cortes, papeles suspendidos, aéreos y místicos. De tanto en tanto el gesto gracioso y banal desborda el caos, mediante el arabesco o el borrón, y el color prendido y prendado. Otras veces surge la arruga de la rabia y de la idea. Ahora, encerrados en urnas de madera y cristal, estos «papeles» parecen buscar el tiempo disecado.

Habría que remontarse a la época dadá de Hans Arp, cuando este trabajaba con los «papeles rasgados» que eran como constelaciones de objetos en el espacio, pensados como esculturas, o a los «papeles recortados» de Matisse, pero aunque el soporte y el material sea el mismo, en Llena hay una actitud radicalmente distinta. Su obra remite a una toma de partido existencial, más una voluntad de artista que un resultado formal, contestataria ante el hecho galerístico: en su exposición de Lérida en el año 1966, proyectó la sombra de sus esculturas de papel en la pared, se llevó la obra y dejó únicamente la silueta. De su etapa conceptual ya solo queda el recuerdo de sus éxtasis místicos en el convento de los Capuchinos de Sarrià, de sus pinturas con polvos de talco, de las alfombras y esculturas de papel, de su desnudamiento en Eina, en ese continuo desprenderse de lo material, hasta llegar a no hacer nada durante un tiempo largo.

Miró y Tàpies son su punto de referencia más cercano, su paradigma de artistas puros, coherentes, radicales, informalistas y con un pasado surrealista relevante. Pues no son las incisiones violentas en el soporte, como hacía Fontana; en este, son más bien heridas, mientras que en Llena es el corte fino del bisturí sobre una naturaleza sutil y frágil; y jugando, porque hay una actitud muy lúdica que recuerda, a veces, la del alumno distraído manipulando figuras de papel, o la alegría rococó de la dulzura de vivir; y también, de aceptación de ese «algo» que ya ha muerto. Casi de resignación, se diría.

Podría parecer que hay en estos «posminimalistas» –Perrin y Llena– cierta contradicción aún por resolver, entre un discurso teórico muy radical e intelectual y un modo de trabajar intuitivo, fresco, improvisado y light, y con todo, es allí donde reside su seducción. En esa hoja de papel en la que el poema se hace como el día en la palma del espacio, o en esas súbitas esculturas o arquitecturas paralíticas con costurones de cicatrices de una realidad que aparece minada por el tiempo.

¿DÓNDE ESTÁ JORDI BENITO?[1]

Luego de haberse crucificado contra el piano, de haber matado al toro, de haberlo descuartizado y haberse envuelto en sus entrañas aún vivas, de haberse sumergido en una fosa común revolcándose entre huesos de muertos, de haber disparado sangre contra una inmensa sábana en el Beaubourg, de haber hundido un piano de cola en el mar de Cadaqués junto a Cage; en definitiva, de haber provocado Apocalipsis poéticos, ha desaparecido sin dejar rastro. Se ha esfumado como un prestidigitador legando una estela de acciones que son rituales de angustia, gestos sobrecogedores, situaciones extremas: una imagen de muerte y resurrección. Acciones que tienen una exactitud poética, situaciones compuestas de tiempo poético, que apelan a los sentidos, además del de la vista del espectador, al tacto, a los sonidos, a los olores, aluden al mito y a la interpretación deconstructiva del mito, acciones que amplían los parámetros del arte.

1. *La Vanguardia*, «Cultura», 15 de enero de 2003.

Jordi Benito (Granollers, 1951) parte del principio minimalista en el que el espacio real es mil veces más impactante y específico, más vivo que la pintura sobre una superficie plana. Es un arte de diseño mental, como es el arte conceptual, en el que lo físico es abolido por la física de los estados caóticos. Él huye del estímulo óptico en pos del proceso intelectual que el público es invitado a compartir con el artista, como una expresión de sufrimiento, de sacrificio personal, de inmolación, lo que se ha llamado «body art», en el que el tema es el artista como demiurgo que nos invita a vivir de primera mano, sin dejarnos atrapar por las convenciones, para que se dé lo real, para trascender la condición humana.

No hay más estética que la de «aquí y ahora», que la del presente inmediato, con esa intensidad que da el presente cuando lo atrapas, o, quizás más exactamente, el rito de iniciación en el que una muerte simbólica da paso a un renacimiento espiritual. El proceso para acceder a ello consiste en coordinar varios ámbitos y vehicularlos para que se dé «la cosa», para ofrecer una realidad que se autocrea. A través del automatismo pone en juego una serie de movimientos interdisciplinarios y rocambolescos —en el territorio de la ciencia y de la mecánica cuántica, o el de la escenografía y el diseño, el de la música y la poesía— relacionándolos, y provocando al azar para que manifieste otra realidad, una realidad sin motivo y sin porqué, que va más allá de las reglas y de los límites. Y que el espíritu sople donde quiera. Y se va sin dejar traza.

Mas lo que importa es el valor simbólico de sus acciones. Su obra tiene vínculos con el *environment* o el arte de la instalación donde lo que cuenta es el ambiente, el happening, el gesto físico, la interacción del cuerpo, la performance, también el arte povera está muy presente, ya que se vale de materiales pobres y humildes, materiales endebles, que se reciclan. Lo suyo es la obra de arte como organismo anónimo, un corpus, una máquina que se genera a sí misma a partir de cómo funciona el mundo. Una maquinaria que requiere un escenario (Jordi Benito empezó como escenógrafo del grupo de teatro de La Cuadra de Sevilla cuando estudiaba allí para aparejador en la Universidad Laboral) en el que juegan espacio, forma, luz, color, sonido, movimiento, tiempo... y se trastoca en un laboratorio donde se experimenta y se vale del azar, de lo aleatorio que hace posible un aumento de la complejidad. Cuando expone aquello que no obedece a ninguna ley, destapa el lado oscuro de las cosas para que se manifieste lo impredecible –la reacción del animal vivo encerrado en un espacio de exposición...– y todo huele a casualidad. Se deja guiar por el amor, el gusto, el momento, el subconsciente, y utiliza materiales en uso –instrumentos clínicos– y en desuso –pianos de cola destripados– o los desplaza, como cuando hizo bajar la campana del campanario de Arles y la volcó en aquel espacio conventual donde había escenificado un fragmento del fin del mundo: en la arena junto a los desperdicios de la corrida, los arneses ensangrentados y desparramados entre pianos volcados, el animal invertido colgando de la techumbre, el toro y el caballo disecados, la campana de la iglesia allí tirada: el fin de la fiesta, el fin del mito. Aquellas piezas mezcladas al desgaire, como si nada, el *ready made* a escala mayor, adquirían una calidad perturbadora. Él es como un duende sin memoria y sin futuro, el procesador de metáforas. Pertenece a aquel grupo de artistas que siguen la estela del dadaísmo, de las enseñanzas de Brossa, y que, a imagen de las cosmogonías de Yves Klein, nos desvela el patetismo de lo real, de cuando emerge lo sagrado.

Recuerdo aquella instalación de La Virreina: el desarraigo del caballo viviendo en el escaparate de las antiguas cuadras junto a pianos de cola volcados y desvencijados (el fin del Palacio) y bloques de granito flotando sobre aguas negras, escenas de un dramatismo seco, germánico, en donde la emoción y el conocimiento eran de un impacto brutal. Esta fue la última ceremonia del adiós que yo recuerde. ¿Por dónde anda el más subversivo y desgarrado de los artistas conceptuales?

KANDINSKI, DINAMITA PURA[1]

Si algunos comienzos de siglo dan las pautas de lo que puede ser el resto de la centuria, en el caso del siglo XX y en el mundo del arte se abrieron unos parámetros que iban a incidir notablemente en el devenir de las artes y de la vida misma. Había que preparar al mundo para el cambio. Kandinski, Mondrian y Malevich fueron los pioneros de un arte nuevo, de una nueva manera de entender las formas artísticas como expresión de un mundo interior, y descubrieron el orden formal y la belleza de la disolución de los cuerpos, de la naturaleza y del mundo. La ausencia de iconografía permitía expresar mejor lo absoluto. Ellos destruyeron el viejo sistema de valores individualista y crearon un lenguaje universal, místicamente inspirado. Liberaron a la obra de arte del objeto. Fueron visionarios que se adelantaron al mundo y nos abrieron a otra realidad.

1. *Avui*, 7 de agosto de 2003.

Es difícil de calibrar la trascendencia del descubrimiento de Kandinski, su estrepitosa resonancia en el mundo de la imagen, en las artes y en la moda, aunque sí podamos imaginar el orgasmo sublime que debió suponer ese hallazgo tan dolorosamente explorado. Fue un combate en solitario, una angustiosa búsqueda de la belleza ideal que le llevó a ser el primero en hacer un cuadro sin objeto reconocible (1911) y el primero en explicar la abstracción con una teoría, y justificar que la idea se podría expresar mejor si la forma se disocia de la materia. Fue en busca de la más extrema libertad expresiva, apurando las posibilidades de la pintura, y dio con un lenguaje a base de colores fuertes y formas fluidas, turbulentas, de líneas que se entrecruzan, finas, afiladas, otras blandamente borrosas, aisladas o confundidas; formas que se deshacen, se despedazan y alcanzan un estado de caótica fluidez; se interpenetran, embisten, atacan, a trazos y borrones aparentemente fortuitos. Pero no, se trata de una informalidad deliberada, un nuevo credo artístico, un arte calculado y objetivo, un lenguaje visual cuyos elementos son símbolos plásticos, no figurativos. Su actitud de aunar el sentimiento, la necesidad interior del artista con la más refinada técnica pictórica sigue siendo un ejemplo para los artistas de hoy, con el comienzo que inicia el camino hacia la abstracción.

Esta experiencia apocalíptica comenzó en los albores del siglo, durante su estancia en Alemania, después de haber sentido la llamada de la pintura y haber abandonado su trabajo de jurista, tras su viaje por los pueblos de Rusia y sus interiores plenos de color (en ruso «rojo» quiere decir «hermoso») y tras su descubrimiento de la luz en Túnez, cuando vivía junto a su compañera pintora, Gabriele Münter, y ambos trastocaban la naturaleza con unos paisajes donde apenas se reconocía el objeto.

Su posición contra el naturalismo de las artes, contra el positivismo de la filosofía y contra el materialismo de la ciencia le lleva a fundar el grupo Der Blaue Reiter convencido del papel mesiánico del artista y del tremendo influjo del arte sobre el espectador. Primero son paisajes movedizos que poco a poco se transforman en nubes rotas, ojos que se dilatan y contraen y nos devoran, cuerpos que se expanden y pierden cuerpo, cuerpo sin fin y oleada de vacío. «Formas ilimitadamente libres e inagotablemente evocadoras», decía.

Kandinski bebe en las fuentes de la filosofía y de la teosofía alemana, de los simbolistas y del Jugendstil, su afinidad con los expresionistas alemanes, su temperamento eslavo, su inmensa sensibilidad musical –algunos de sus cuadros son como pentagramas que se desvanecen–, la actitud religiosa, ¿qué sería de Miró sin Kandinski? Él dividía sus propios cuadros en impresiones, improvisaciones y composiciones, por orden de complejidad y perfección. Está en Barcelona la *Composición VII*.

La manifestación del caos, el mundo se desintegra.

«La expresión abstracta final de todo arte es el número», apunta.

«La creación de una obra es la creación del mundo», dice. Lo importante es la necesidad interior del artista.

Sus raíces y temperamento eslavos, su madre de habla alemana, su aprendizaje intenso le guían a la vivacidad pura, a la que no es noche ni día, ni tiempo ni destiempo. El tiempo de madurar en su interior. Asomarse al abismo y llegar a la cumbre, y se vuelve innumerable, infinito y anónimo.

La enorme fuerza explosiva y espiritual que posee el arte moderno. La divinidad de la pintura pura.

Chisporroteantes, destellantes. Entre tanta materia, entre tantas formas que buscan sus alas, su peso, su otra forma, el espacio puro, el campo de batalla, se desmorona. Erupción. Tirar del cordón umbilical de la forma. El salto mortal de las formas que giran alrededor de un no sé qué. Albores. Constelación de formas y colores.

Simboliza la enorme fuerza explosiva y espiritual que posee el arte moderno. Dinamita pura.

TÀPIES, EL DEMIURGO[1]

Hoy es el último día para ver la pintura de Tàpies en todo su esplendor (MACBA, 2004). Desde
sus inicios en el postsurrealismo o realismo mágico
(su época de Dau al Set), donde busca un vocabula-
rio desesperadamente y abruma con infinidad de signos caligráficos entremezclados con fragmentos del
cuerpo, hasta sus últimas obras, aún brutales. Materias extasiadas, la misma ardiente sílaba. Son otras
siempre y son la misma. Allí están en grandes formatos sobre madera, las tierras de grosores y texturas
diversas, apenas pintura, el gesto rápido y desgarrado; esos marrones a los que siempre vuelve, y a las
huellas del paso de la vida, y a los puntapiés, pausas
vacías entre cruces de sílabas, señales de fuego, ventanas abiertas pero tapiadas (el muro volvió a cerrar-
se), escenarios después de la batalla. Allí sigue con el
ritual del éxtasis o la escenificación del vacío. Ver que

1. *Avui*, 9 de mayo de 2004.

a sus ochenta años está el artista al pie del cañón, desafiando con su fango a todo lo que se ponga por delante es cuando menos gratificante. Es ver que el diálogo no se agota, que el código da para mucho, que la belleza está con la pobreza, que el mito aún sigue vivo, a pesar de la arrasada de las últimas tecnologías y el triunfo de lo mecánico sobre lo manufacturado, a pesar del auge de la electrónica y el celuloide, de quienes tienden a arrinconarle por considerarle un artista epigonal. Pero ahí está él con sus herramientas y testigos del trabajo, cual fuerza mágica contra el mal gusto, la publicidad y el consumismo. Contra el mercantilismo y la banalización. Y como ave fénix que renace de sus cenizas, o más aún, como ángel exterminador esgrime su espada cuando tratan de vulnerar las leyes fundamentales, o cuando destruyen lugares y obras importantes; últimamente, el Montseny y la Colonia Güell.

Tàpies hace suya la experiencia social y artística de las vanguardias, asume la fuerza de Picasso, ese mismo trazo deformador que vemos en *Personatges amb el cap girat* (1945), el impacto del color de Van Gogh en *Zoom* (1946), más la metafísica de Miró en *Dibuix* (1948) o *Composició blau clar* (1956), y a partir de allí da el gran salto creando un lenguaje que con el tiempo se va afianzando sin perder potencia. Un lenguaje de esencia romántica, heredero del surrealismo, contemporáneo del informalismo abstracto y del arte conceptual, y muy afín al action painting y al arte povera. Un lenguaje que ha contribuido a cambiar el concepto de belleza y que le sitúa entre los

86

pintores más importantes de la segunda mitad del siglo XX.

L'Escamoteig de Wotan o *La barberia dels maleïts i dels elegits* (1950) son dos obras paradigmáticas que abren la exposición y que introducen al espectador en el mundo de lo surreal, en el lenguaje del símbolo, en el registro del signo. Algo se prepara bajo esa luz crepuscular: ya concelebrando ceremonias extrañas como en los autorretratos de 1947 o a través de la mano sacrílega, esa mano solar o mano alada (*Mà*, 1945) que nos abre al mundo de lo sagrado: cruces, negruras cortadas, ojos zurcidos, ojos vacíos, ojos hinchados de visiones. Es como entrar en un tiempo de mutilación y de costuras, de resistencia, de barridos y fregados, de marrones y grises, de bandas negras, de siluetas yacentes, a veces incluso delicuescentes (tan dulces como la miel). Es entrar en la materia, «entrar en materia» y trastocarlo todo: la casa patas arriba, los muros rotos y salpicados de grafiti, los objetos partidos, las camas y las sillas por los aires, los colchones desvencijados, los trapos sucios entre las alambradas del gallinero, las coladas de cal contra los restos del cuerpo, los escudos quebrados y podridos, todo hecho trizas. Su gesto es como el del rayo destructor de las formas materiales. Tàpies da rienda suelta al temible rayo de la impotencia aplicando directamente su cuerpo: arañando, golpeando, pisando, flagelando, quemando, embalsamando una materia que no se crea ni se destruye sino que se transforma. El acontecimiento está en el cuadro. El escupitajo de los surrealistas ha cuajado.

Antoni Tàpies es un hombre de pensamiento que escribe con lucidez su trayectoria artística (*La realitat com a art*, 1982, *Per un art modern i progressista*, 1985) y su relación con el entorno (*Memòria personal*, 1978), lee con frecuencia filosofía y está al día de los descubrimientos científicos, la mirada siempre conectada con la lectura y la meditación, acompañado de música clásica y con los pies en la tierra, y el cuerpo entero. Se nutre de las sabidurías orientales, de la mística zen, el método más simple y más genuino de conocer el mundo mejor y estar más presente en él, según dice en «El arte moderno, la mística y el humo» (1990). Siempre le preocupó la función social del arte en tanto que vía de conocimiento y medio de transformación de la consciencia y de la conducta. Sus escritos han sido punto de referencia para toda una generación de artistas que intentan encontrar su propio espacio, que le admiran en su conducta ejemplar, en su gesto ético, le siguen pero no le imitan; le temen, sobre todo cuando los previene de los verdaderos males sociales que causa el mal arte. Él siempre estuvo en los momentos difíciles del lado de los desvalidos y oprimidos, como persona comprometida con la izquierda –ayudó al PSUC, estuvo en la Caputxinada, en Montserrat, contra la pena de muerte–, su arte tiene mucho de clandestinidad. A veces, pudiera parecernos un ermitaño allí alejado en su monte elegido, un monje laico y sabio confundiéndose con la naturaleza, acompañado de su amada, Sor Teresa, rodeado de los materiales más inesperados, envuelto en su severidad monacal, trabajando con una energía poseída. Mas como dice Manolo Borja-Villel en el estupendo catálogo de la exposición: «Tàpies es un artista moderno, de una modernidad que aquí no ha existido. Es la Edad de Oro».

DALÍ ATRAPADO[1]

Uno de los personajes de nuestro entorno cercano que llevó *l'esprit de rauxa* a situaciones más extremas fue Salvador Dalí. Los surrealistas le acogieron en su grupo –lo introdujo Miró en el año 1929– y durante esa etapa que duró apenas dos décadas fue un adalid a la hora de ampliar los límites de la conciencia y los parámetros del arte. Y de explotar el potencial visionario del delirio. Al igual que los dadás, ellos se propusieron cambiar el mundo y destruir el orden establecido a través del irracionalismo, el sarcasmo burlón y el escándalo.

La clave que nos desvela el mecanismo creativo del pensamiento de Dalí es el método paranoico-crítico, que expone en la Sorbona en el año 1933 y publica en 1963 –*El mito trágico del Angelus de Millet* (Tusquets)– sin modificar un ápice su contenido. Allí demuestra que la paranoia es una forma de desenca-

1. *Avui*, 3 de abril de 2004.

denar el diálogo, de poner en marcha la función analógica traduciéndose del inconsciente al consciente (el inconsciente como fuente sobrecargada de experiencia y de material simbólico), y asimismo de captar los contenidos latentes en las obras de arte. Es ese mismo proceso en el que una imagen evoca a otra sin orden lógico y se encadenan. Dalí canaliza e identifica su propia obsesión y a través del cuadro *Angelus* de Millet se autopsicoanaliza y al tiempo descubre una carga erótica en el mismo hasta entonces desconocida. Dalí racionaliza los impulsos de su mente con el método freudiano para poder expresarse y comunicarse, y se vale del símbolo como instrumento de la mente para poder deslizarse de un significado al otro. Y a través de este sistema establece la correlación entre lo material y lo espiritual, o sea entre lo visible y lo invisible. Dalí teorizaba como nadie todo aquello que vivía y lo materializaba en sus cuadros y montajes. Su capacidad creativa le venía desde una dimensión psicopatológica, se nutría de su propia represión.

Llegó al punto de hacer una declaración de independencia de la imaginación y de los derechos del hombre a su propia locura. Disparó un dispositivo simbólico explosivo de imprevisibles consecuencias y se lanzó a una aventura en la que nadie se había atrevido a enrolarse y que puede vivirse sin más esfuerzo que el de aprender a soñar.

Para ello se nutre de su paisaje –las rocas y piedras del Cap de Creus y el mar de Port Lligat– y de su paisanaje, Lidia de Cadaqués, hija de la última bruja de la zona que en su delirio se creía *La Ben*

Plantada y cautivó a Federico García Lorca, a Eugeni d'Ors, a Eduardo Marquina, además de ser la inductora en rescatar del inconsciente la esencia y las emociones latentes en la naturaleza mediante la paranoia. Otra de las musas –aquellas mujeres que los surrealistas incorporaron a su exclusivo grupo, muchas de ellas con obra propia y otras como simples incitadoras– fue Gala, la amante prodigiosa cuyas conquistas incluyeron a Éluard, De Chirico, Ernst y finalmente Dalí, otra mujer extraordinaria con una inteligencia prodigiosa y una originalidad y fuerza absolutamente independiente. La mirada de Gala –captada por Max Ernst en *La femme visible* (1925)– era tan penetrante que se decía entre el grupo que taladraba los muros. Absolutamente desinteresada por el lado intelectual del surrealismo, su presencia alentó el movimiento durante tiempo y fue para Dalí un activo importante en hacer de su personaje un proyecto artístico, en hacer de su vida una acción permanente. El artista ampurdanés fue un punto de referencia para Warhol y para Beuys, aunque un traidor a la causa surrealista (*Avida Dollars*, le llamó Breton, jugando con las letras de su nombre). Se dio de baja de aquellas premisas revolucionarias para dejarse atrapar por el escándalo y la vertiente más kitsch y pop –el mago que alumbra una gran calavera compuesta por mujeres desnudas–, más formalista y *pompier,* abandonando su compromiso con las izquierdas, haciendo la guerra por su cuenta, explotando el lado escatológico y cayendo en la marranada. Recuerdo al respecto una anécdota que me contó Xavier Corberó (uno de sus

92

jóvenes admiradores), que a su vez le había contado Dalí a propósito de una acción truncada por una enfermera cuando el artista ya viejo y enfermo quiso recibir al arquitecto Oscar Tusquets con un moco colgando, que según él había estado fabricando en su propia nariz durante horas.

Marcel Duchamp fue uno de los pocos que le perdonaría sus desplantes a la causa y sus actitudes reaccionarias y Dalí siempre respetó y admiró a quien fue uno de sus maestros en los juegos del azar y de la metafísica. Como artista conceptual fue a la zaga de Duchamp, como pintor nunca pudo superar los misteriosos paisajes de Yves Tanguy, como fotógrafo tenía un excelente precedente en Man Ray y su interés por el cine, la moda, los objetos surrealistas y los instrumentos ópticos, y como escritor, aunque García Lorca le animaba y él mismo decía que se consideraba mejor escritor que pintor, no quiso explotar esa vena. Su virtuosismo técnico excesivamente relamido, su perra por recuperar el academicismo y el clasicismo, sus apologías del dictador español de triste memoria, y sus patéticos enredos víctima del mercantilismo —cobraba solo por firmar y hasta quiso cobrarle al poeta Foix por su firma en un libro de sus poemas— hicieron de él un personaje estrafalario que no consiguió apenas credibilidad. Ya en el Pabellón de la República Española de París de 1937 quiso hacer una gran pintura frente al *Guernica* de Picasso y el arquitecto Sert y sus amigos Picasso y Miró se negaron a aceptarle. Con quien congeniaba bastante fue con el pintor Josep M. Sert, pues además de valorar el mecanismo del método sertiano y su vertiente transformista y compartir su idea sobre el arte para las masas, le frecuentó durante los veranos de entreguerras en el Mas Juny de la Costa Brava, adonde acudía con Gala unas semanas, y también le citó como inspirador de *El gran paranoico* (1936), uno de sus cuadros más impactantes.

Dos espléndidas exposiciones complementarias sobre Salvador Dalí –en CaixaForum y en el Palau Moja– nos reconcilian con él y con nosotros, y nos muestran el Dalí vanguardista, el nihilista, el revolucionario, el que lleva a sus últimas consecuencias el arquetipo del loco, el que alimenta ese espíritu de subversión e intransigencia para vender y venderse a sí mismo, el ser poliédrico e histriónico, el Dalí ilustrador de sueños, el Dalí atrapado en el fango de su propio personaje.

LAS METAMORFOSIS DE ANTONI LLENA. ELOGIO DE LA FILFA[1]

De Antoni Llena se cuenta que levitaba y atravesaba las puertas de cristal del convento de los Capuchinos de Sarriá, esto antes de que llegara Alexandre Cirici y lo rescatara junto a Toni Bernad para abrirlos a otras realidades. Allí también se encontraba entonces Jordi Llimona, al que se le iba a consultar cuando las cosas venían mal dadas, en los «felices sesenta», cuando la Caputxinada. Allí mismo se encerraron muchos amigos de todos, plantando cara a la tiranía franquista. Y allí pasó una larga temporada Llena, entre éxtasis místicos y pinturas negras, sufriendo la disciplina comunitaria y cultivando un espíritu franciscano (pobreza, pureza existencial, misticismo); y aún hoy, uno se lo puede imaginar cubierto como un monje de Zurbarán, o como una figura de El Greco. Sus obras guardan un no sé qué de liturgia, son como sagrarios,

1. Con motivo de la exposición de Antoni Llena en la Galería Toni Tàpies, 2005-2006.

exvotos, transubstanciaciones se diría, espacios marti-
rizados por la idea. Son urnas transparentes que guardan huellas, fragmentos de la levedad del ser, retazos
de hostias, papelinas arrugadas, restos de palios de
púrpura y de nada, con materiales reciclados, toscos
y pobres, humildes. Piltrafas que nos llevan a pensar en el arquitecto Jujol, cuando se valía de unos
alambres, y de restos de latas de leche condensada y
cartones para hacer una lámpara. Ambos consiguen
extraer de las cosas más insospechadas y nimias la
máxima plasticidad, y comparten epifanías sensibles
y refinadas, aquella capacidad de infundir expresión a
las cosas con el mínimo gesto, con la breve y leve intervención, y una gracia y elegancia en la deformación fluida, frenética, irónica e irracional. De modo
sugestivo e inesperado convierten las sobras, los de-
tritos, en obra de arte. Son metamorfosis. Arquitecturas sin peso, desvanecimientos. Filfas que adquieren la categoría de arte. De arte pobre que coincide con
el povera italiano en el caso de Llena y que de otra parte está muy presente en ese espíritu mediterráneo desde siempre.

También se sabe de Llena que su radicalidad le
llevaba a realizar actos transgresores como el de salir
huyendo de la galería donde exponía su obra y llevár-
sela; huir, de pura vergüenza de mostrar aquella miseria de papeles manoseados, arrugados, destrozados
–dice él– dejando el perfil dibujado en los muros. Ni
obra, ni mercado, ni artista. Se cuestiona todo y se
burla de todos y se larga dejando una huella cual fantasma provocador, como queriendo dejar a todos con

un palmo de narices, como si el arte fuese una fantasmada y el artista su demiurgo. Recuerdo cuando se desnudó una vez en una clase de la Escola Eina ante alumnos y profesores, pues le falló el invento previsto para ofrecer ese día, que consistía en la fulgurante aparición del rayo de sol iluminando el aula a través de un juego de espejos. Pero aquel día vino nublado, y el silencio del sol, el acto fallido, le provocó entonces el desprenderse de su ropa, y esculpir su cuerpo en vivo como quien dice, mostrándose obscenamente puro. La ausencia del sol y la presencia del cuerpo. La obra de arte vista como un cuerpo vestido por su enigma desnudo.

Todas estas acciones eran metamorfosis que cuestionaban y trastocaban las cosas.

Traslumbramientos.

En ese continuo desprenderse de lo material, Llena llega a no hacer nada durante un período de casi diez años. El fantasma desaparece de la escena artística y se niega a pasar por el aro. Fueron años de parón, de buscar y no encontrar, de negarse, y de caminar hacia sí mismo. Luego empieza de nuevo recuperando la infancia: recortando papeles y más papeles, y así comienza una etapa de composiciones de papeles recortados en busca de la forma. Intenta reconstruir la pintura a partir de las enseñanzas de Kandinski, de Miró, de Tàpies, de Brancusi, y sobre todo de Arp, quien ya había trabajado con papeles recortados. Y después de haber pasado temporadas en el Londres del pop, comienza a construir desde la pintura, ensamblando con vehemencia los materiales más endebles y frágiles que encuentra. Recompone el lenguaje con añicos. Cuadros y esculturas livianas, trípticos y altorrelieves, a base de alambres, garabatos, papeles de los más variados colores y texturas, gomaespuma, finas láminas de madera, cintas aislantes, a veces tiras de plomo o trozos de piel de cordero, a menudo patosamente puestos, huyendo de la perfección, como no queriendo llegar, siguiendo el ejemplo de Miró quien intentaba estropear la obra cuando le había salido *massa maco*. Ambos van en busca de la «gracia»: esa mezcla de sorpresa, de absurdo, de fastidio, de justeza, de ilusión, de maravillas y de drama. Incluso de tontería.

Su poética de lo efímero, de lo inconsistente y vulnerable, de revelar el campo infinito de las metamorfosis etéreas y voluptuosas, persevera cuando realiza las grandes esculturas de acero, como la de la Villa Olímpica, un monumento de viento, encallado velero más ligero que el aire, o también, geometría suspendida del hilo de la razón. Parece ser que el fantasma vuelve de nuevo y conquista la ciudad. Y también en la más reciente de la Casa Gran, en cuyo patio de luces se tensan dos varas sinuosas por una malla que sigue en cable y luego en lona atada con pinzas, de la que pende un cabo suelto del que, al tirar, la obra se viene abajo. Son como dos cables de alta tensión que se yerguen ebrios buscando la claridad y atravesando los grandes ventanales para goce de los trabajadores de allí. En un instante se podría estirar de esa malla que como un tejido abrazo se desvanece y deshace. Todo pende de un hilo y nos ratifica en la fragilidad de la existencia. Las esculturas de Antoni Llena hablan de ese equilibrio inestable.

En estos días aciagos, de ver tanta muerte y tanta fiera enloquecida, de contemplar cómo dejan quemar el patrimonio artístico de nuestros ancestros, mirar lo que hace Antoni Llena en la Galería Toni Tàpies nos reafirma en la idea de que el equilibrio del mundo es inestable y se desmorona, y nuestra consistencia, ligera, débil y limitada.

Son creaciones sustentadas en la vivencia de una plenitud existencial fundamentalmente efímera.

Papelotes rasgados, celofanes salpicados de laca, charcos de látex, parches de heridas, vidrios astillados o frases rotas sobre cinta de máquina de escribir conforman un lenguaje que se va complejizando y enriqueciendo hasta límites extraordinarios: latidos de papel, vibraciones apenas perceptibles. Se trata de un pulso con el tiempo, el polvo y el lodo.

Si nos ha costado aprender a vivir sin Dios, también nos acostumbraremos a vivir sin Arte, dice Llena en algún momento.

Porque sus creaciones guardan la frescura y la ingenuidad de antaño, porque su código se va enriqueciendo, porque intenta convertir la pintura en otra cosa.

La fragilidad de las sedas y celofanes convive con la dureza de las piedras basálticas.

La fragilidad para acceder al equilibrio inestable: mástiles y cables, varas sinuosas o vibración acuática del espacio, como serpientes saliendo de sus hoyos, como un paréntesis también podría interpretarse.

Habitar un espacio, religar... Las palabras se asoman en remolinos de acero.

Los espejos abolidos en un fijo presente entre la ausencia y la presencia.

TIEMPO DE SILENCIO: MATEO VILAGRASA[1]

En estos momentos de turbulencias financieras y de tanta tontería artística una agradece el desplazarse a La Cardosa para ver la última obra de Mateo Vilagrasa (Maestrazgo, 1944) tan serena, tan rotunda y contundente, clásica se diría –el bosque de estilitas– que nació como bosque de autistas en los años setenta, primero cual estela y su sombra en el Hotel Arts, y más tarde ya definido como monumento para la plaza de la Ópera de Frankfurt con sus 49 figuras de hormigón armado de 4,35 m conformando un cuadrado. El cuadrado de Malevich vuelve a surgir, severo y estático, signo de organización y construcción. Son 7 × 7 como se observa en la maqueta editada en bronce plateado que acompaña el trabajo previo, los diversos estados hasta convertirse en lo que vemos. Una suerte de mandala, un centro del mundo, un marco inmanente donde la figura humana aparece a la vez sola y reunida, aislada y

1. *La Vanguardia*, 10 de diciembre de 2008.

manteniendo un orden y una distancia, cual guardianes pensantes. Ello me ha llevado a *El pensador* de Rodin, y también a la guardia protectora del Palacio de la Oscuridad del emperador Qin, por su disposición disciplinada, aunque hay algo de las figuras aisladas de Giacometti: los seres desesperados aquí se han sosegado, se han subido a un pedestal y cavilan. Nada que ver con las figuras de Juan Muñoz, que oscilan sobre una base circular, como muñecos tentetiesos. O quizás a lo que más aluda esta obra sea, más que al ser ensimismado, al *sujeto amortiguado* de Charles Taylor, por la posición del cuerpo, en cuclillas y ligeramente cabizbajo, inseparable de esa fina columna y a la vez protegido de los espíritus y de la fuerza de la tradición. Es Tiempo de Silencio. Tiempo de pararse a pensar, tiempo de autismo, de falta de comunicación, de ceguera social, de soledad multiplicada.

Ahora, la pintora Montse Gomis ha rescatado esta edición con la intención de señalar la ruta del Císter –el camino que une los tres monasterios de Santes Creus, Poblet y Vallbona de les Monges–, rememorando a aquellos anacoretas como Simón el Estilita que vivían encaramados sobre columnas explorando los abismos del tiempo y del espacio. Fueron eremitas dedicados a la vida contemplativa en busca de su posición elemental dentro del orden cósmico en tiempos precristianos. Utilizaban el pilón como una morada a través de la que experimentar la conciencia de la propia existencia. Pienso también en la cabaña de Wittgenstein, que vivía con lo más elemental en medio de la naturaleza.

102

Aquí la propuesta es una señal, es un alto en el camino, como aquellas cruces que marcaban el camino de Santiago. Son como un *memento homo* en una época secular, puntos que indican el camino hacia la Iluminación, cual peregrinación hacia las claridades. Pueden ubicarse en el campo o en la ciudad, porque son esculturas que de alguna manera transforman, cuestionan y enriquecen el paisaje.

Hay también mucho de premonición en casi toda esta última obra de Vilagrasa, la del cambio de siglo, su trabajo a base de materia hecha de pigmentos minerales y resinas sintéticas, aplicada intermitentemente desde lo más oscuro a lo más claro, siempre húmedo sobre seco, con intención de que la huella del artista apenas sea perceptible, de la casi ausencia del color, donde la figura humana aparece espectral. Son estereotipos de seres entrevistos, crucificados, encofrados, tendidos al sol cual ropa colada como piltrafas disecadas, o agazapados cual estorninos expectantes en el tendido de la luz, torsos pensantes, figuras desdobladas, doblegadas, con la cruz a cuestas, fragmentos del cuerpo humano que penden de un hilo o cogidos con pinzas, o desmembrados. Las figuras que en su obra anterior habían sido vagamente geométricas ahora ya son escuetamente humanas. Arquetipos de un *ecce homo* que surgen de la espesura. En otras, son cuerpos que recuerdan la volumetría y contundencia de un Masaccio atravesando tinieblas y densidad. Premoniciones de su estado actual de invalidez, a raíz del accidente en el convento de Vila-rodona que acababa de restaurar. Mateo Vilagrasa lleva dos años de trabajos forzosos, intentando conectar su cabeza con el cuerpo, y ha logrado unos movimientos contra todo pronóstico de la ciencia para volver a pintar... Me cuenta que se sintió pintor cuando con seis años conoció por vez primera la luz en su primera visita a Catalunya, en Tortosa. Pensó que cada habitación tenía un sol. A partir de ese momento empieza a dibujar y a pintar. Él se crio en tierra de templarios y de caballeros de Calatrava, de guerreros (al general Cabrera le llamaban el Tigre del Maestrazgo), gentes agrestes y desconfiadas. Había nacido en una casa grande de un pueblo perdido en las montañas donde la luz eléctrica todavía no había llegado. El recuerdo de las primeras luces está tan presente que uno de sus cuadros más impactantes es la figura de una enorme bombilla que se puede leer como un sexo femenino. Entre apariciones y traslumbramientos anda el juego.

LA VÍA LÁCTEA DE MONTSE GOMIS[1]

Acabamos de volver del Castell de La Cardosa, allí donde la artista Montse Gomis vive y trabaja tras haber restaurado las ruinas y adaptado a su modo, austero y confortable, para convertirlo en un lugar de excepción en pleno secarral, donde recibir a los amigos y huéspedes y a aquellos que deseen aprender las técnicas del grabado que ella maneja tras haber sido profesora de la Escola Massana hasta su jubilación. Ella domina la práctica del oro, la plata, el zinc hasta dar con la imagen que busca. Su pintura es abstracta, aunque siempre con referencias a la realidad.

Y nos ha guiado hasta el lugar donde está expuesta su última obra: la Colegiata de Sant Agustí en Ponts, un espacio recogido, íntimo, místico con una fuerte esencia espiritual y humanística, donde exhibe la serie «VIALÀCTIACENTSETANTAQUATRE – CONS-

1. *La Vanguardia*, 24 de enero de 2026.

TEL·LACIONS» (dedicada al meu company de vida, l'artista Mateo Vilagrasa).

Es un adiós hasta siempre.

Pero ¿quién es Mateo Vilagrasa? (Maestrazgo, 1944). Acaso sea como dice Rafael Argullol «un artista que goza de las obras más importantes del siglo XX». Son obras que deslumbran, seres hacinados, desdoblados, multiplicados, espectrales, encofrados, figuras que se deshacen y se rehacen, sin sombra.

Visiones. Geometrías ingrávidas. El reposo de los pigmentos permite ver los colores más pesados a través de los más leves, donde la huella del pincel desaparece. Ellos actúan por su cuenta, se posan cada uno según el grosor, peso, color, movimiento, secado. Pinturas con luz propia. Muchas de ellas premonitorias de un estado que le dejó tetrapléjico. La ayuda de su mujer, la pintora Montse Gomis, fue vital.

El recorrer ese camino doméstico, requerido y repetido durante años para visitar y vigilar al compañero de su vida, Mateo Vilagrasa, le ha provocado representar las series de los *Centsetantaquatrepasses*. Un dibujo lineal que aparece en diversas composiciones, formatos y técnicas hasta dar con un símil del infinito.

La instalación finaliza con unos grabados y dibujos de las *Constel·lacions*: organismos con ramificaciones que apelan a un sistema de circulación: vasos sanguíneos, pulmones, ramajes de los que brotan hojas; memoria de un pasado ya remoto junto a su compañero de vida Mateo Vilagrasa.

Así ella dice: «Em dedico a l'art per atrapar moments de vida, que el temps devorador s'emporta

106

sense rubor, en un intent d'ordenar el caos, de recuperar les peces disseminades i rescatar la memòria. Quan miro la meva obra, veig la meva vida mirant-me. Aquest transcórrer equilibra el meu sentir, m'asserena l'ànima, m'allibera i m'obre portes per continuar aprenent».

Donde la forma respira
Arquitectura y escultura

EL BARCO: UN MODELO PARA
LA ARQUITECTURA MODERNA[1]

La exposición de dibujos y fotografías del arquitecto Tito Dalmau que acaba de exhibirse en la sala de La Caixa de la calle Montcada constituye una reflexión sugerente sobre la dialéctica entre arquitectura y naturaleza, a través de un juego ingenuamente audaz y de una técnica depurada, minuciosa y un tanto rígida.

El leitmotiv del conjunto de la obra parece ser el *barco*; el barco entendido como paradigma de la arquitectura moderna, contemplado fríamente desde una serie de bellísimas fotografías coloreadas a la manera de las primeras fotografías a color. Estas imágenes nos introducen desde diferentes ángulos en el mundo de las formas lecorbusierianas como modelo de la arquitectura moderna, e ilustran las relaciones de esta con el diseño de la máquina por sus cualidades de escasez de formas y funciones, ausencia de símbolos, simplificación y esquematización, etcétera.

1. *La Vanguardia*, «Cultura», 7 de diciembre de 1982.

Para escapar de este lenguaje acotado, elemental, puro y aislado, Dalmau nos propone embarcarnos en un viaje hacia el mundo paradójico de sus paisajes dibujados: el barco como arquitectura en movimiento se lanza hacia lo impensado atraído por el inconsciente, sin idea de finalidad, sin puerto de destino.

El barco sigue siendo una constante en los dibujos, pues en estos casi siempre aparece algún elemento naval, como pueden ser barandillas, cubiertas, pasarelas, chimeneas. Y el mar; mar de nubes, mar de dunas, mar de suelos fósiles, mar como agente mediador entre la vida y la muerte, como medio de nuevas transformaciones. Asimismo el barco esta vez aparece desprovisto de sus atributos modernos, a veces a la deriva, y siempre desde una perspectiva distinta, se podría decir posmoderna, desde un tiempo crítico, en cuanto que se establece una distancia y se inicia una visión estructurada en términos lúdicos.

La idea de proyecto, idea fundamental del Movimiento Moderno, así como la idea de novedad en tanto que valor primordial, estaría ausente del lenguaje de Dalmau. Frente a ella contrapone la aventura, el azar y el riesgo de perderse, incluso de hundirse o de anclarse en panoramas fosilizados, en una búsqueda permanente de nuevos parámetros.

En estos dibujos a lápiz y rotring, en pequeño formato, ejecutados con suma precisión empleando colores más bien fríos y tenues, el escenario es intemporal, los elementos arquitectónicos se han trastocado al igual que la naturaleza: la razón se invalida para dar paso a la fantasía, a la ilimitación y el sinsentido, más allá de lo real.

Mediante analogías que animan y reordenan el espacio, sin misterio, como un juego de niños, Dalmau se complace en especular con los elementos de la naturaleza y de la arquitectura de todo tiempo y lugar, de manera arbitraria, alterando las leyes de la lógica, desmitificando la noción de progreso e ironizando la idea de relación con el contexto.

Barcos semihundidos en el desierto –cruel metáfora de la arquitectura destruida en su forma y en su función–, ruinas –símbolo del paso del tiempo y sus consecuencias–, alusiones al *Titanic*, cuyo capitán ostenta los atributos de Le Corbusier y que fue la catástrofe naval más paradigmática, se alternan con otros espejismos de carácter más lúdico, como la casa-avión que pretende aterrizar en un trampolín, la fachada dórica en cuyas metopas se incrustan los rascacielos de Nueva York, el frontón clásico invertido que flota en el mar en el que las columnas se han convertido en chimeneas, y un sinfín de equívocos/semejanzas que se van descubriendo o fabulando, ya que la obra es deliberadamente ambigua y llena de sugerencias, reforzadas por la aparente contradicción en el empleo de una técnica sumamente respetuosa que expresa un contenido desbordante.

El diálogo entre arquitectura y naturaleza se nutre de una tensión expresada mediante la ironía, el equívoco o la descontextualización, y quizás vaya más allá de una reflexión desmitificadora de la arquitectura como noción de progreso, o del reduccionismo formal y funcional de la arquitectura moderna, para utilizarlo como pretexto de una especulación existencial.

La trayectoria profesional de Tito Dalmau es, por otra parte, muy interesante, pues supone, por un lado, una continuidad dentro de la tradición de arquitectura dibujada que, desde las pinturas del Renacimiento, los proyectos utópicos del siglo XIX o los futuristas de Sant'Elia, hasta los dibujos de los últimos arquitectos americanos, se ha venido haciendo y sin duda han influido en la estética de los edificios; por otro lado, implica un acercamiento distinto a la creación artística, una nueva sensibilidad ante el ejercicio específico del arquitecto en un intento de volver a clasificar la arquitectura al ámbito de las bellas artes. Se podría considerar incluso un deseo de enriquecer forma, procedimiento y función de la arquitectura como reflejo de una realidad más compleja, enfatizando la individualidad, la particularidad y la imaginación en un mirar hacia atrás con simpatía en vez de especular con las necesidades de una sociedad que aún no existe.

LAS TRANSFIGURACIONES
DE JULIO LÓPEZ HERNÁNDEZ[1]

La Fundación Santillana tiene su sede en la antigua «torrona» de Don Borja, sita en la plaza de la villa de Santillana del Mar. Este «palación» del siglo XV presenta un carácter ecléctico de torre medieval y casona barroca, ya que al viejo edificio gótico se le añadió más tarde otro cuerpo con doble arco de soportal y piso superior con balcón corrido, y un precioso patio, adosado a la torre, muy curioso por ser uno de los raros que existen en la arquitectura montañesa. Este hermoso edificio perteneció a la familia Barreda; y dice la leyenda que uno de ellos –el tal don Borja– fue capitán de fortuna en las guerras de Italia en tiempos de Carlos V. En los primeros años de nuestro siglo fue adquirido y restaurado por Juan Antonio Güell y López, quien se lo regaló a la infanta Paz, hermana de Alfonso XII, como residencia de verano. Finalmente, lo compró la Fundación con el fin de crear un centro

1. *La Vanguardia*, «Cultura», 15 de noviembre de 1983.

cultural y artístico, abierto todo el año, y en constante colaboración con diversas instituciones locales y estatales. El edificio obtuvo el Premio Nacional de Restauración en 1981. Allí ha tenido lugar una exposición de Julio López Hernández, Premio Nacional de Artes Plásticas y Premio Cáceres de Escultura 1981.

Existe un pequeño grupo de artistas madrileños –amigos y parientes– cuya estética gira en torno a un realismo entre naturalista y mágico, un realismo en donde lo cotidiano adquiere unos matices poéticos muy sutiles y traspasa la mera apariencia. Todos ellos utilizan una técnica muy depurada y tradicional, esencialmente clásica, y apuran al máximo la mímesis en un afán de retener lo fugitivo y de dar a lo transitorio el valor de eternidad, y a lo fútil, a la minucia, e incluso a lo vulgar e insignificante la categoría de bello. Cada uno de ellos anhela *transfigurar* «su» mundo, y acaso rescatar la realidad del abismo en que se halla, convertida lentamente en imagen de nada, en eco sin voz, en espejo de la oquedad.

Detengámonos un momento en la obra de uno de los artistas puntales de este grupo.

Un ambiente enmohecido y polvoriento se respira entre las esculturas de Julio López Hernández. Un aire de destartalada y melancólica existencia envuelve a estos personajes inermes, impotentes ante su propio destino, encerrados en la cárcel de la fatalidad histórica, condenados a la ausencia del amor. Son criaturas reales que reflejan nuestras propias actitudes, ademanes, expresiones y modo de vestir, y sin embargo son la imagen misma del abandono, a veces de la indigencia e incluso de la decrepitud. Son seres que no han sentido el tiempo, su propio tiempo, el ritmo de sus vidas. Marginados de la gran ciudad, inertes en su soledad y aislamiento. Es este un mundo muy cercano al artista: su familia, amigos, escenas urbanas y de su trabajo, y algún que otro encargo público. Un mundo que conoce y que trasciende. El arte de Julio L. Hernández tiene un poder de seducción inmenso. Es un arte que procura un tipo de goce difícil de clasificar, así como su esencia.

Algunas de estas esculturas son extraordinariamente naturalistas en sus gestos y sus expresiones: *Luis, fotógrafo, La parturienta, La empleada, El metro Tetuán-Vallecas, Tapia y perro, Mano-retrato*. Son escenas captadas con toda intensidad y detallismo, testimonio de la cotidianidad, que reflejan aquel instante fugaz en que se sorprende una situación y se vive con tal fuerza que queda fijada en la retina para siempre, en una continua recreación del tiempo vivido. Esta manera de captar «su tiempo» es la que le acerca a un naturalismo costumbrista, comoquiera que el fervor místico se ha humanizado, desplazándose hacia lo cotidiano.

Pero Julio L. Hernández sobrepasa esa fidelidad al modelo fugitivo y desciende a los inciertos lugares de las sombras. Es este el clima que le concierne. Su obra es deliberadamente ambigua, puesto que, muchas veces, juega con la ausencia, el vacío y el fragmento: *El tesoro de Marcela* es una pieza compuesta de fragmentos. Fragmentos del torso, fragmentos de brazos, fragmentos del tesoro conforman un todo en el que la nada tiene un gran protagonismo. *La jubilada o Ángeles en la compra* carece igualmente de la cabeza, y su busto agujereado, acentuado por la vestimenta rota en jirones, aumenta la carga inquietante de esta estremecedora imagen de la España vieja y sufrida. Asimismo, en *El sueño*, a la bella durmiente le falta gran parte del rostro. La ausencia de la cabeza es un sabio recurso para eludir el carácter individual y enfatizar el arquetípico. Estas obras tienen una clara intencionalidad onírica y una estructura iconográfica basada en el surrealismo. La mirada exterior se confunde aquí con la mirada interior; es decir, el artista no ha reflejado tan solo lo que ha visto ante él sino lo que ha visto en él.

Por ejemplo, en *El manuscrito*, *La empleada* y *Las manos de Blanca*, Julio López Hernández ha fijado minuciosamente su atención sobre esa parte, tan expresiva, del cuerpo, como son las manos, en un intento de acentuar tal o cual acción en la que está inmerso el personaje, ensimismado en su quehacer.

Probablemente fue Auguste Rodin el primero que concibió y realizó un «cuerpo parcial» como una unidad figurativa, y también quien supo de la magnitud potencial y vigorosa de las partes. Por otro lado, el juego de la carencia resulta extremadamente sugerente, y al mismo tiempo desazonador, ya que aumenta el carácter enigmático de la obra.

Julio López Hernández trabaja con los más nobles materiales —bronce, piedra, madera—, aunque también utiliza materias nuevas, como pueden ser aglomerados de pizarra y de mármol, a los que confiere un tratamiento de una precisión y detallismo propios del mejor de los virtuosos. Tiene un dominio perfecto de los volúmenes y logra unos acabados de una técnica impecable. Él conoce a fondo su oficio y lo explota hasta límites insospechados, sobre todo con el bronce, material con el que trabaja más a gusto, dando rienda suelta a su meticulosidad, y acabándolo con esas pátinas grises y marrones de una indiscutible calidad.

Julio López Hernández tiene, hoy, más de cincuenta años, y es ya un artista consagrado con un lugar en la Historia del Arte.

LA CARA INTERIOR DEL ENSANCHE[1]

Existe una Barcelona ignorada de los paseantes, con un paisaje diferente; un espacio ambiguo entre urbano y rural, secreto, desordenado y hasta decrépito; un lugar en desuso: la Barcelona de los patios interiores de manzana. «La Barcelona tendra», que llamaba Alexandre Cirici.

Estos patios interiores del Ensanche con sus intocadas fachadas traseras de galerías acristaladas que se esconden muchas veces tras una persiana corredera, columnas y barandillas de hierro fundido, tan propias de aquella época en que a los arquitectos se les llamaba «maestros de obras», tienen hoy cierto sabor nostálgico y una especial sonoridad en el ambiente. Recinto que incita a detenerse en las horas tranquilas del día cuando el tiempo convida al descanso y el pensamiento se confía entre deseos, ilusiones y esperanzas.

Esa enorme trastienda del Ensanche pertenece ya

1. *La Vanguardia*, «Cultura», 15 de febrero de 1983.

a la memoria de la ciudad. Allí todavía se puede escuchar el canto del pájaro, disfrutar de algún que otro jardín umbrío y sentir una atmósfera distinta: pasiva frente a la actividad de la calle, silenciosa frente al ruido de las fachadas, íntima y desahogada en abierta oposición al jaleo y promiscuidad del exterior. Es un espacio quieto, detenido, privado para los vecinos de la manzana, de aire enrarecido y lleno de resonancias.

Una sensación de extrañeza nos invade al pasearnos por aquellas terrazas que a modo de terrados compartimentan laberínticamente el interior de la manzana. Ámbitos diversos se suceden sin ningún pudor en esta cara oculta del Ensanche, donde el mundo se para y se oyen los rumores. La ropa tendida, los maceteros en flor, la terraza años cincuenta, el almacén de los varios, el parking de coches, la bombona de butano, la caseta del perro y la enredadera que muere, comparten un lugar que un día fuera destinado a ser un gran jardín o un pasaje peatonal, pero que raras veces llegó a serlo.

En el año 1858 fue aprobado el Proyecto de Reforma y Ensanche de Barcelona de Ildefonso Cerdá. Este hombre genial se inventó una ciencia con su Tratado de Urbanismo —el más importante de la Europa de aquella época—, como método de conocimiento no solo de una realidad político-social específica, sino de una realidad simbólica que iba más allá de lo representado: refundar una nueva Barcelona, la Barcelona que nacía al son de la revolución industrial. Pero desgraciadamente, como tantas otras obras de la segunda mitad del siglo XIX, lo hicimos abortar.

Cerdá creó una pauta de crecimiento espacioso basado en la cuadrícula de uso residencial y equipamientos colectivos que unía la ciudad antigua a los núcleos suburbanos de Sants, Gràcia y Sant Andreu. La cuadrícula o manzana tan solo debía ser edificable en dos, máximo tres de sus lados, en un intento de ruralizar la ciudad: «Todo edificio deberá tener al menos tanto espacio destinado a patio, jardines, huerto u otro sitio de desahogo, cuanto ocupe la parte edificada». Así lo especificó Cerdá, pero las primeras manzanas consolidadas se construyeron en sus cuatro lados. Y el segundo paso destructor fue el permitir la construcción del patio interior hasta cinco metros de altura, ya que este estaba previsto como zona verde o pasaje peatonal aislado del tráfico. Ejemplos de esto último nos han quedado los atractivos pasajes de Permanyer, Campos Elíseos, Méndez Núñez, etc.

Quizás si el Ayuntamiento hubiera asumido responsablemente el Plan Cerdá, una buena parte de él sería hoy realidad. Pero desgraciadamente se reemplazaron los árboles por inquilinos. Sin embargo, a pesar de los especuladores del suelo y de los abusos y deformaciones a lo largo de todo este tiempo, se ha ido consolidando un tejido urbano privilegiado, excepcional –lo que hoy llamamos Ensanche– y tanto más apropiado a las exigencias contemporáneas que el plan de Le Corbusier y el GATCPAC de 1931. Este último preveía una ciudad funcional y artificiosa de grandes bloques aislados, separando las zonas de ocio de las de trabajo y de las de reposo, favoreciendo así una deshumanización donde la vida comunitaria quedaba completamente anulada.

Hoy en día, es difícil acceder al interior de las manzanas del Ensanche, a esos patios que como una pausa inmensa se abren detrás de cada casa. Algunos conservan la huella de un pasado industrial, como aquel donde se alza impertinente la chimenea de una máquina de vapor, o el otro, presidido por un impresionante depósito de aguas que hasta hace poco abastecía al vecindario.

Los hay que todavía poseen el atractivo de un tiempo ya lejano: vestigios de jardín con umbráculo o con cascada de rocalla, escaleras de caracol que desde el piso principal descienden a un espacio ajardinado, decadente, que esconde alguna fuente, una glorieta o una pérgola hundida entre las medianeras.

Entre terrazas y cobertizos surge una rosaleda marchita, o junto a los tubos de ventilación y las uralitas una estatua de Venus arrinconada. Así de insólito y sorprendente es el espectáculo de los patios de manzana.

Sin embargo, los que más abundan son aquellos en que poco a poco los almacenes o los parkings han ido usurpando el lugar de los árboles, y lo que un día fue verde hoy es color «paloma de cemento». Los raros de encontrar son los que han conservado íntegramente su interior como un vergel, donde palmeras, plátanos y cipreses, adelfas y fuentes, camelias y nísperos se ordenan en un espacio perfectamente cuidado por una comunidad de monjas o por un colegio de pago conservando un ambiente de ciudad mediterránea. En contrapartida a este modelo de patio maravilloso existe el que en su interior se ha construido una fábrica de cinco pisos o el edificio moderno se ha comido parte del patio... y un sinfín de barbaridades y siniestros tan irreversibles como desgraciados.

Ahora que por fin el urbanismo de Barcelona está en las manos de un arquitecto serio, capaz y responsable, sería el momento de replantearse la posible Barcelona de Cerdá e intentar recuperar estos patios para la comunidad de vecinos y, sobre todo, adoptar las medidas necesarias para que su deterioro no vaya en aumento.

UMBRÁCULOS: EL PARAÍSO
DE LOS INDIANOS[1]

El paraíso de la creación jamás se ha perdido del todo para nosotros. Mediado el siglo pasado comienzan a regresar a nuestro litoral los navegantes de ultramar, aquellos hombres románticos y aventureros que habían partido hacia las Américas en busca de la fortuna y de la gloria, y traen consigo la vegetación de esos países lejanos que aquí plantarán y a la que darán culto bajo la protección del umbráculo, en un intento de reproducir el paisaje paradisiaco. Estas grutas etéreas empezarán a proliferar como una moda, incorporadas a la casa o al jardín, en los patios del Ensanche y en las torres de verano, como un nuevo espacio arquitectónico hasta entonces desconocido.

El clima benigno y templado, soleado y suave de nuestras tierras podía muy bien albergar la vegetación lujuriante del trópico; tan solo era necesaria una cosa: la protección de los grandes bosques tropicales. Y a

1. *La Vanguardia*, «Cultura»,10 de mayo de 1983.

125

falta de esos inmensos árboles, el indiano hará construir un espacio que procure la sombra precisa a las araliáceas, aucubas y helechos; aspidistras y kentias; hiedras, bromelias, begonias, ficus y espárragos; y un sinfín de especies originarias del trópico, para nosotros entonces desconocidas. Este espacio protegido, que en un principio pudo ser de una naturaleza más efímera, como el brezo o el cañizo, pronto iba a adquirir la estructura de hierro, la forma de templo y la categoría de arquitectura etérea que quedará para la historia como una tipología más de la llamada arquitectura industrial o técnica, que había aparecido en Europa algunos años antes y que en Barcelona sería utilizada mayormente por los maestros de obras, entre ingenieros y arquitectos, cuya aportación fue de vital importancia para las generaciones de arquitectos neomedievalistas o premodernistas, y que todavía queda hoy por reivindicar.

La fascinación que ejercen Cuba, Puerto Rico y Filipinas provocará el entusiasmo de muchos catalanes por iniciar el viaje romántico hacia las lejanas islas con el fin de crear riqueza. Esta aventura totalizadora dará lugar al nacimiento de una nueva clase social.

Así es como empezarán a brotar estos jardines umbríos, de vegetación fantástica, al amparo de las nuevas estructuras de hierro, que, como templos consagrados al jardín edénico, se alzarán fruto de la nostalgia por aquel paraíso perdido. Si estos pequeños templos edénicos surgen por la iniciativa particular de nuestros antepasados indianos, la ciudad de Barcelona también querrá contemplar la maravillosa escena

126

del paraíso terrenal y rememorar aquella atmósfera colonial que había contribuido a enriquecerla. Asimismo erigirá su propia catedral en los jardines del parque de la Ciudadela: el Umbráculo, obra de José Fontseré y Mestres (1829-1897).

Allá por los años setenta del pasado siglo el maestro de obras José Fontseré, ante la indignación de los arquitectos, ganó el concurso internacional convocado por el Ayuntamiento para la urbanización de los terrenos de la recién demolida Ciudadela. En ellos planificó, además de los jardines, grandes edificios públicos como el Mercado del Born y el Umbráculo, de una gran calidad arquitectónica, así como el magnífico conjunto de fachadas porticadas que rodean el Born y el paseo Picasso, inspirados en la famosa rue de Rivoli parisina, en donde se repite indefinidamente la misma composición de fachadas con grandes arcadas.

Este conjunto que se forma estructurado por el eje monumental iglesia de Santa María del Mar-paseo del Born-Umbráculo constituye uno de los espacios urbanos más cualificados que existen en Barcelona.

Para la realización de los jardines y de la cascada monumental del parque de la Ciudadela, Fontseré contó con la ayuda de los estudiantes de arquitectura Cristóbal Cascante y Antoni Gaudí. Pero Fontseré sufrió todo tipo de presiones y disensiones profesionales por parte de los arquitectos oficiales, ya que él, aunque hijo de arquitecto, era tan solo maestro de obras. Por ello, el Palacio de Industria y de las Bellas Artes que debía estar situado en el centro de este parque tan solo se quedó en proyecto. Y el Umbráculo padeció muchas vicisitudes desde su comienzo en el año 1883 hasta su terminación en 1887 por el arquitecto José Amargós, entonces director del parque, quien lo recuperó según las condiciones establecidas en el proyecto de Fontseré, que el arquitecto Gustà i Bondia había desfigurado.

Este insólito edificio, que por su tipología y sus proporciones es único en el mundo, tiene un valor incalculable. Existe otro más grande en Lisboa –la Estufa Fría– pero su tipología es distinta. Un umbráculo tan solo se puede dar en regiones de clima templado, pues al ser al aire libre, en otro clima más frío las plantas ya reciben sombra de una forma natural de sus grandes bosques, por lo que no necesitan del artificio arquitectónico. El Mediterráneo posee un clima adecuado para umbráculos, y es raro que esta modalidad no haya proliferado en otros países de su litoral.

Esta suerte de santuario de doble fachada de ladrillo adosada a una estructura de bóvedas de hierro, sostenida por cuatro hileras de esbeltas columnas, está todo él semicerrado por listones de madera, así como sus seis puertas de acceso, para la mejor filtración del aire y de la luz, en un juego interminable de sol y sombra. Santuario erigido en honor del jardín mítico y legendario, edén de placer y felicidad. Lugar propicio para el vuelo de la mirada y de la mente, que despierta la nostalgia y el rememorar de otro tiempo. Es como entrar en un sitio donde se vive fuera, estar en un dentro aún fuera, en el que se ve y se es visto; como si un espejismo se revelase en el ardiente deseo de reencontrar el origen, la imagen primigenia. Pero sobre todo lo que más rememora este edificio incomparable es un ambiente del trópico, una atmósfera típicamente de ciudad colonial.

En la Exposición Universal de Barcelona que se celebró en el año 1888 el Umbráculo se utilizó como sala de fiestas y conferencias. Estas exposiciones universales que se celebraron en las grandes ciudades industriales fueron un símbolo visible de la época capitalista, que mostró su entusiasmo por los nuevos materiales y sus posibilidades. La primera se estrenó en Londres en el año 1851, y fue decisiva para la evolución de la arquitectura en hierro y vidrio al contener el famoso Crystal Palace de Paxton, inspirado en el Jardin des Plantes de París construido en 1833. Ambas construcciones son claros antecedentes del Umbráculo. Posteriormente, este último pasaría por varias etapas de decadencia y tiempos de olvido, incluso peligro de destrucción. En 1925 se quiso instalar allí el mercado central del pescado. Para la Exposición Universal de 1929 se restauró junto con el parque, pues ambos estaban en estado de abandono. Rubió i Tudurí, el gran arquitecto-jardinero catalán, entonces director de Parques Públicos, reordenó otra vez los jardines y dirigió su restauración, así como también edificó en 1928 un umbráculo en los jardines de Montjuïc, sede de la nueva exposición.

Es este un edificio bastante sencillo, estrecho y largo, concebido como una galería porticada cual telón de fondo del estanque de la Font del Gat, formando dos alas abiertas sobre el centro, donde hay una fuente presidida por una escultura parietal. Estaba todo él cubierto por celosías tanto en el techo, donde formaban un arco ojival, como en los arcos y adosadas a los muros interiores, muy al gusto de Forestier, maestro de Rubió y autor de los Jardines de Montjuïc.

Este umbráculo, hoy para el público casi desconocido por su estado de abandono, sufrió un incendio hace ya muchos años y nadie se ocupó de su restauración, por lo que se ha convertido en un ruinoso almacén de plantas. Nicolau M.ª Rubió i Tudurí (1891-1981), el mejor arquitecto de paisajes que ha tenido Cataluña, no se merece el estado en que se encuentra esta obra primeriza.

Es una concepción distinta de umbráculo, el de la Font del Gat, y en cierto modo opuesta al modelo ochocentista, progresista, romántico, grandilocuente y exótico que es el de la Ciudadela. Aquí la escala es más humana y doméstica, y enfatiza unos valores de armonía, equilibrio, orden y sensibilidad que revelan un ideal naturalista, acercándose a nuestro entorno mediterráneo y latino. Tiene un ambiente de «logia» italiana, clásica y severa muy afín al espíritu novecentista.

Son estas construcciones ejemplos de épocas felices de la arquitectura urbanística y paisajística de Barcelona, que los municipios del futuro debieran tener en cuenta no solo conservándolos, sino a la hora de proyectar los nuevos espacios públicos de la ciudad.

EL PARQUE SAMÀ, JARDÍN OCHOCENTISTA[1]

El hombre conserva siempre la claridad y el ansia de un paraíso perdido que luego diseña a su manera, según la nostalgia predominante de la época. La imagen del paraíso es cambiante y depende de las circunstancias históricas. A mediados del siglo pasado, cuando el intrépido indiano –o mejor, el «neocolón»– retorna de su viaje romántico en pos del cuerno de la abundancia, perdidas ya la mayor parte de las colonias, anhelará reproducir la escena añorada. Y así surgirán huellas de aquel ambiente exótico, alegoría de ultramar, presididas por el sentimiento de una gran melancolía nostálgica. Modelo arquetípico de estos jardines de emigrantes coloniales es el parque Samà. En el Baix Camp tarragonés, entre campos de almendros, olivos y viñas, en un paisaje netamente mediterráneo, se levanta un oasis verde, un escenario húmedo y vegetal, abigarrado de palmeras de todas las clases y de

1. *La Vanguardia*, «Cultura», 26 de julio de 1983.

todos los tamaños. Un paraje transfigurado. Un oasis al que da vida un manantial de agua subterránea que aparece en forma de cascada, recorre gran parte del parque a través de canales, sinuosos riachuelos y acequias, remansa en el estanque y en el lago, y brota en la fuente y en el surtidor.

Cuando Salvador Samà, marqués de Marianao (1861-1933), le encargó la realización del parque a José Fontseré y Mestres (1829-1897), este ya había ganado el concurso para el proyecto del parque de la Ciudadela de Barcelona. Sabemos también que Fontseré viajó por las capitales europeas para tomar ideas sobre los parques que se acababan de construir, y suponemos que se inspiraría mayormente en el de Buttes-Chaumont parisino, pues ambos tienen una fantasía formal muy afín con cascadas de rocalla, senderos sinuosos para perderse en la oscuridad misteriosa de las grutas, bosquecillos, lago y embarcadero, islas enlazadas por puentes y mirador con templete...

La jardinería de parques surgió en Inglaterra hacia 1720, en consciente contraposición a la arquitectura de jardines francesa, cuya concepción geométrica de las avenidas comenzó a considerarse antinatural. Milton había descrito el paraíso en términos paisajistas.

En lugar de arte basado en la arquitectura se busca la nueva jardinería, que nace de la pintura de paisaje. Desde 1760 el jardín inglés conquista, en una expansión sin precedentes, todo el continente. En el siglo XIX se va imponiendo el estilo mixto, es decir, el paisajismo se yuxtapone con el jardín regular. Asimismo, el trazado del parque Samà obedece a una composición por ejes, ordenados por avenidas de plátanos o de palmeras, arboledas sombrías que contrastan con espacios abiertos entre elementos arquitectónicos caprichosos y caminos que se cortan, se entrecruzan, se separan y se levantan sobre el riachuelo. Jardín de senderos que se bifurcan. Más allá, un frondoso bosque de pinos que antiguamente guarecía al jardín zoológico, la selva que albergaba a llamas del Perú, gacelas, ciervos, faisanes, monos y hasta un oso. Grutas artificiales con acuarios maravillosos.

El parque Samà fue uno de los primeros zoos que hubo en España. Había en él pavos reales, cisnes de colores y diversas aves de otros climas y otras tierras, y hasta una inmensa jaula repleta de loros. El paraíso zoológico del Génesis. Nostalgia de los tiempos de la errancia paleolítica por los bosques. El zoo desapareció junto con aquel gran bosque de eucaliptos y el umbráculo –de factura idéntica al del parque de la Ciudadela, aunque a escala reducida–.

El parque Samà fue, en su día, un jardín de ensueño, aunque hoy –abierto al público– todavía conserva mucho del esplendor perdido. Además de jardín zoológico es jardín botánico. A partir de 1830, en Europa, los parques se convierten en museos de ciencias naturales, se conciben como *exposición*. El XIX es el siglo de la clasificación, de los museos, un siglo fundamentalmente historicista.

El parque Samà goza de una plantación abundante y rica: castaños de Indias, yucas brasileñas, almezos, cedros, cipreses, árboles filipinos, gardenias de la India, rosas de Alejandría, nenúfares, magnolias. Todo ello presidido por el *Taxodium distichum*, maravilloso espécimen que nace en el lago y marca las estaciones: de hoja caduca en invierno, amarillenta en primavera, verde en verano y roja en otoño.

Este jardín ochocentista posee un genuino romanticismo, cual relato de cuento lleno de fantasía que se recrea en la espesura o claridad de los follajes, en la caducidad de las foliaciones, en los aromas, en los volúmenes de cada especie, en el vaivén del viento engendrado en el mar, en los árboles que se inclinan sobre las aguas quietas en busca de su imagen. Todo ello envuelto por el rumor de las palmas que se balancean y se rozan.

Hace ya más de cien años, en 1881, que se comenzó a plantar este paraje encantado, por esa necesidad de fabular aquel pasado perdido, creado por la imaginación poética azuzada por la nostalgia.

RUBIÓ I TUDURÍ, ARQUITECTO
DE JARDINES[1]

«Jardín» quiere decir, en persa, «paraíso». Por eso, quizá, Rubió i Tudurí consideraba que la jardinería era un oficio para arrepentidos, para gente que quisiera remediar el alejamiento efectuado por el hombre con respecto a la naturaleza. Este gran arquitecto de jardines fue discípulo de Forestier y, luego, ejecutor de una buena cantidad de paraísos privados que, todavía hoy, luce Cataluña.

Parece como si volviese a nosotros, en nuestros ensueños, la fascinación por la naturaleza o la nostalgia del paraíso, azuzada por la fiebre de cemento que hoy se extiende sobre los espacios verdes de nuestro entorno urbano.

En estos momentos en que el humanismo radical es abandonado, precisamente por haber despreciado el valor de la naturaleza, y ahora que el jardín ha quedado sin espacio vital donde ubicarse, asfixia-

1. *La Vanguardia*, «Cultura», 26 de junio de 1984.

135

do entre el asfalto, resulta oportuno resucitar la figura del único arquitecto de jardines que hubo en España: Nicolau M.ª Rubió i Tudurí (1891-1981). En su maravilloso ensayo *Del paraíso al jardín latino* (Tusquets) están implícitas sus enseñanzas, su idea del jardín y la evolución que ha tenido desde los tiempos paleolíticos, cuando la creación dio su primer jardín.

En el momento en que la Tierra fue lo bastante humana como para acoger al hombre, es decir, cuando la creación produjo su primer jardín, es cuando aparece el hombre, al encontrar en la naturaleza vegetal la manera de mantener su propia existencia. Es curioso comprobar cómo coincide la Biblia con los criterios científicos. Son dos lenguajes que vienen a decir lo mismo: el uno utiliza la metáfora, el símbolo y la poesía; el otro lenguaje es el de la ciencia, con su terminología técnica y concreta.

Los jardineros paisajistas del siglo XVIII, como Kent o Capability Brown, quisieron evocar aquel mismo paisaje de la creación: la escena sobrenatural, hallada y adorada en los bosques por el hombre preintelectual, el *homo divinans*. Y así surgieron los jardines «puros» ingleses, que tanto iban a influir en la jardinería posterior y que supusieron una gran revolución contra el excesivo orden y geometría del jardín francés de Le Nôtre.

El siglo XVIII es el gran siglo de la jardinería. El arte de los jardines engloba a las demás artes, superando a la arquitectura en la vastedad de sus obras y la creación de sucesiones de imágenes, comparable en esto a la música. Incluso se llegó hasta el extremo de hacer desaparecer pueblos y trasladarlos a otro lugar por entorpecer la panorámica o el desarrollo de las imágenes. Un espíritu panteísta se impone, y muchas veces hasta místico. La misión del arte es, entonces, el devolver a la naturaleza su forma primitiva y suprema. Asimismo, el jardinero, como lo hacía el pintor de paisajes, elige la forma de belleza a la que aspira.

Este culto a la naturaleza –que anuncia ya el Romanticismo– triunfa en toda Europa. El parque-jardín constituye la idea rectora, en primer lugar por su resonancia religiosa, no superada por ninguna obra de arte. Por ejemplo, el bosque es la forma más noble de iglesia. En segundo lugar, porque consigue someter a las demás artes: la casa, el palacio o el castillo aparecen espontáneamente en el parque, no de una manera simétrica como se había hecho hasta entonces. La casa está en función del jardín, no el jardín en función de la casa.

Durante el siglo XIX prevaleció el tipo de jardín mixto, o sea, espacios de jardín geométrico combinados con partes del jardín más o menos paisajista. Y en el siglo XX, al reducirse los espacios considerablemente, se produjo una restauración de la geometría en los jardines, pero no tan culta como la francesa, sino a la manera italiana, más popular: escaleras, balaustradas, estanques, muretes de piedra, pérgolas, entre una plantación muy arbustiva y con profusión de plantas vivaces. Esta es la clase de jardín que introdujo en Barcelona Jean-Claude Nicolas Forestier, llamado por la Mancomunitat Catalana para remodelar la montaña de Montjuïc, sede de la futura Exposición Universal de 1929.

La llegada de Forestier a Barcelona, en el año 1915, constituyó un hecho decisivo en la trayectoria jardinera de Rubió. También supuso un renacimiento para la jardinería de Barcelona no solo por su labor en los parques de Montjuïc y de la Ciudadela (la plaza de Armas), y en algunos jardines privados, sino por el gran empuje que dio a la flora hortícola, aportando numerosas especies en plantas vivaces y en rosas.

Forestier (1861-1930) era entonces director y conservador de los Parques de París, famoso por sus remodelaciones del parque de la Bagatelle de París, del plan director de La Habana, de los jardines María Luisa en Sevilla y de varios otros en Buenos Aires y en Rabat.

Nicolau M.ª Rubió i Tudurí, recién acabada la carrera de arquitecto, es nombrado ayudante de Forestier, hecho que va a ser trascendental en su vida, pues encontrará a un verdadero maestro en este gran artista de la jardinería.

Desde 1917 hasta 1937, año en que se exilia, Rubió desempeña el cargo de director de Parques y Jardines de Barcelona, y desde allí llevará a cabo una intensa política de adquisición y sistematización de espacios libres, que contribuirá, en gran medida, a dar una nueva fisonomía a nuestra ciudad. Se compran, entonces, los parques del Turó, la Font del Racó, Vallcarca, Güell y el Guinardó, así como las grandes reservas de paisaje de Vallvidrera y el Tibidabo; hasta jardines o plazas de barrio, como pueden

ser las plazas Adriano, Letamendi, Berenguer IV, San-
llehy, Sagrada Familia, Doctor Ferrer i Cajigal, Mo-
nasterio de Pedralbes...

Los jardines más puntuales que realiza Rubió en
esta época son los del Palacio de Pedralbes, lateral
montaña de la Diagonal, avenida Pau Casals y parque del Turó, donde establece este juego entre la
mano del hombre, expresada por medio de lo perfectamente recortado, y la naturaleza a su aire; es decir,
una dialéctica entre una geometría sencilla y un paisajismo muy mediterráneo.

Sin embargo, es en la plaza Francesc Macià, una
de las más hermosas de Barcelona, donde Rubió toma
partido por el tipo de jardín paisajista, liberándose ya
de la influencia de su maestro Forestier.

Nicolau M.ª Rubió i Tudurí fue un ser polifacé-
tico. Como arquitecto realizó el primer edificio racio-
nalista de España: el pabellón de Radio Barcelona en
el año 1923, así como la casa del Cotó, el edificio de
la Metro Goldwyn Mayer y el convento benedictino
de Pedralbes, en colaboración con Duran i Reynals.

Sin embargo, la sensibilidad de Rubió no encaja-
ba bien con los postulados dogmáticos de la nueva
arquitectura, hacia la que mantuvo una postura crítica. Su carácter y su modo de hacer estaba más cerca
de los noucentistes, con sus valores de armonía, equilibrio, orden y simplicidad implícitos en la cultura
mediterránea y arraigados en su alma.

Su faceta literaria y viajera, manifestada a través
de numerosas novelas, obras teatrales, cuentos y libros de viajes, se suma a su labor de ensayista en el

campo de la arquitectura y de la jardinería. Rubió fue un verdadero humanista, viajero incansable y con una curiosidad de corte universal.

A su vuelta del exilio, en el año 1947, y hasta su muerte en 1981, Nicolau M.ª Rubió i Tudurí realizará o intervendrá en cerca de unos cien jardines, casi todos ellos privados, en los que formulará y cultivará su ideal de jardín moderno con su gran oficio y refinada sensibilidad.

Si por un lado el ideal de Rubió fue el devolver el arte de los jardines al lugar consagrado que tuvo en el siglo XVIII; por otro lado, también formalizó ampliamente el jardín paisajista moderno, adaptándolo a la cultura y al clima mediterráneos. Él supo captar el secreto de aquel trozo de naturaleza, o aquel otro, y recrear el ambiente particular del sitio, devolviéndole el aroma y el color perdidos, como un acto de arrepentimiento. Asimismo, decía que la jardinería era un arte de arrepentimiento, de remediar el alejamiento excesivo de la naturaleza vegetal.

BAÑOS MODERNISTAS[1]

Para el historiador no hay cosas triviales, dice Sigfried Giedion. Sabemos que el baño ha tenido significados, fines y formas de llevarse a cabo muy distintas a lo largo de la historia. También es posible medir el grado de civilización de los pueblos a través de los aparatos domésticos y sanitarios. Sin embargo, son raros los historiadores que han tratado el tema de los cuartos de baño en nuestro país. Mientras que el asunto del aseo personal, el de la instalación e higienización de los cuartos «de necesidad» preocupaba a arquitectos y constructores, e incluso a escritores desde antaño, parece que historiadores y críticos hayan sufrido una auténtica hidrofobia ante ese tipo de estudio.

A vuelo de pájaro, repasemos los hábitos higiénicos de nuestros ancestros.

Es bien sabido que el hombre primitivo vivía al borde del agua. Los restos paleolíticos más antiguos

1. 1986.

141

aparecen cerca de ríos o lagos. Este pronto descubrió el efecto vivificante que produce un baño frío y «el servicio» que suponía la corriente del río al arrastrar los excrementos. En un principio había separación de sexos –ni los padres podían bañarse con sus hijos– y las matronas respetables no acudían a los baños. Pero vayamos al ser humano civilizado.

En la Grecia clásica, el baño ofrecía bienestar al cuerpo y se tomaba utilizando vapor y agua, alternando temperaturas. Era casi un deber social que se practicaba en compañía. Las termas romanas y también los hamames musulmanes fueron auténticos institutos de belleza, donde las mujeres podían dedicar largas horas al cuidado estético. *Sanitas* significaba salud, no eliminación de la suciedad. El famoso «Mens sana in corpore sano» formaba parte de la educación de aquellas gentes que poblaron los países ribereños del *Mare Nostrum*.

La promiscuidad en los baños era bastante corriente. No muy lejos de Barcelona, aún quedan los vestigios de Ampurias, la única ciudad del extremo occidente griego de la que se conoce el aspecto y que ha sido excavada intensamente. En Roma, el baño era además una forma de relajación, pues el caluroso clima obligaba a frecuentes abluciones. En España aún quedan restos de aquellas habitaciones que generalmente daban sobre un patio en el que se respiraban los más exquisitos aromas. Son famosos los de Gerona y los de Palma de Mallorca, y uno de los últimos descubrimientos de estos años en España: la villa romana de Carranque, del siglo IV d. C., en la provincia de Toledo, donde todavía se está excavando. Hasta el momento, los mosaicos conservados –unos 900 metros– son de una gran belleza, y aún pueden visitarse aquellos lugares íntimos que daban a un jardín secreto, donde también corría el agua.

En los monasterios medievales, verdaderos centros de cultura, el baño era un aseo rutinario en el que no se perdía el tiempo ni se disfrutaba. Los monjes tenían un sistema de fontanería muy sofisticado y gozaban de todo lo esencial.

En la civilización islámica, el baño estaba considerado, además de un medio de relajación, un rito simbólico de purificación. Oriente recoge los restos de esplendor y civilización de la antigua Roma, aunque los conocimientos que los árabes tenían de la ingeniería hidráulica y del saneamiento superaban con mucho a los de griegos y romanos. El bañista activo del mundo clásico cede ante el reposo pasivo del oriental. Bañarse era un tratamiento curativo más que un medio de limpieza.

Los califas, amantes de rodearse de grandes lujos, influyeron en los pueblos que conquistaron, y las cortes de Granada, Sevilla y Córdoba fueron muy pródigas en baños. Allí, las cortesanas ilustradas y los efebos se sumergían en interminables baños aromáticos, favoreciendo la expansión de los debates amorosos. Ellos fueron durante mucho tiempo los guardianes de la cultura y de la práctica sanitaria, aunque la Iglesia siempre vio en el baño un peligro, por poder convertirse en un «lujo para perder el tiempo».

En la Barcelona que Carlos V definía como «la ciudad más decadente de Europa», tenemos buenos ejemplos de arquitectura civil, de ese famoso gótico catalán del que quedan bellísimos testimonios. Pienso en los palacios de la calle Montcada, donde aún se observan restos de baños construidos con obra de albañilería.

Aunque generalmente existía un conducto para el desagüe, lo más conflictivo siempre fue el transporte del agua caliente. Hubo que esperar a Inglaterra y a su revolución industrial para que se diesen pasos agigantados en la tecnología sanitaria. En 1806 sale al mercado la cocina, la caldera y el horno de hierro fundido combinados. El paso siguiente fue conducir el agua al baño y calentarla allí. En la Exposición Universal de Londres de 1851 se muestra un ingenioso calefactor, y a partir de entonces el baño tiende a instalarse en un sitio permanente: al principio, en un dormitorio habilitado para ese efecto, innecesariamente grande, con paredes empapeladas, cortinas y muebles completamente inadecuados a la atmósfera húmeda y llena de vapor. Con el tiempo se irán proyectando ya las casas con sus cuartos de baño, con diseños especiales según las exigencias de los arquitectos.

Si repasamos la iconografía pagana, veremos también cómo a lo largo de la historia Eros entra y sale del cuarto de baño, incluso en el Vaticano. La imagen de una pareja bañándose en una bañera es un símbolo de amor en la iconografía gótica y renacentista. Para El Bosco, la visión de una mujer en el baño forma parte de *Las tentaciones de san Antonio*. Los enamorados comenzaban la noche bañándose en las historias de amor tradicionales. Muchas veces la tinaja tenía un baldaquino decorativo y protector, y podía estar revestida de paño, como en el cuadro de Memling donde la bella señora sale del baño mientras su doncella saca el agua con una cubeta. A menudo, el baño de una dama parecía más una pequeña ceremonia mundana que un placer en solitario o un Nacimiento de Venus.

En la Europa del siglo XVIII y principios del XIX, el baño implicaba también un tratamiento médico. Empezaron a proliferar los cuartos de baño, provistos de una tipología muy definida. Pienso en los que diseñó Antoni Gaudí para la villa comillana El Capricho, en 1883, donde todo llegó de Barcelona. Uno de ellos todavía conserva su arrimadero de mármol, enmarcado por molduras de madera que forman un dibujo geométrico tan simple que recuerda los juegos de Mackintosh. El techo también está cubierto por un entramado algo más complejo, remachados los encuentros de la madera con metales, formando un conjunto muy curioso.

Con el tiempo, y con la variedad de materiales y elementos sanitarios que saldrán al mercado ochocentista, los cuartos de baño se irán recargando de forma extrema. La revalorización que hizo el Modernismo de las artes decorativas, unida al interés de la burguesía barcelonesa por potenciar todos aquellos signos acreditativos de su pujanza, iba a dar una vuelta de tuerca a los ladrillos prensados, gres y ladrillo esmaltado, azulejos, granito y piedra artificial con incrustaciones de mármol, espejos biselados e incluso azulejos de cartón piedra. Todo ello para decorar e impresionar a los amigos con la riqueza propia y el buen gusto, más que como artículo útil.

La gran aportación inglesa al lenguaje universal fue el Water Closet (de ahí la sigla WC), un aparato cerrado.

Los elementos sanitarios fueron adoptando formas naturalistas: inodoros en forma de pez o de caracola, lavabos con relieves de ramajes, bidés con pinturas de flores estilizadas o bañeras de mosaico con dibujos, convirtiendo el cuarto de baño en una auténtica caja de Pandora.

A medida que avanzaba el movimiento modernista en Barcelona, los cuartos de baño se iban enriqueciendo y potenciando con todos aquellos signos acreditativos de prosperidad: sería un hito en la higiene de la modernidad. Desencadenaría una revolución que sacudiría la apatía hacia la limpieza que generalmente afectaba a todas las clases sociales.

El cuarto de baño iba a ser objeto de atención extrema por parte de aquella pléyade de arquitectos que iban en busca del arte total. El arquitecto diseñaría desde el parque hasta el picaporte, desde el hospital hasta la etiqueta del vino. Barcelona estaba en la punta de lanza del diseño internacional.

Al hojear el *Anuario de Arquitectura* de 1887, uno se sorprende con su oferta de mosaicos, vidrieras, estucos, artesonados de yeso y pavimentos hidráulicos, entre anuncios de lampisterías.

Otro cuarto de baño que quisiera mencionar, aparte del de la casa Navàs de Reus, es el de la remodelación de un castillo medieval en Canet de Mar, un

146

pueblo de la costa barcelonesa, donde el arquitecto Domènech i Montaner recupera la vieja ruina y sitúa los servicios sanitarios en la torre del homenaje. Quiero resaltar el carácter preciosista del recinto, con su arrimadero de azulejos rotos sobre los que resaltan flores de lirio con su tallo y hojas abiertas y cerradas alternantes. Y su bañera, cubierta en forma de cueva, que junto con el pavimento de mosaico hidráulico formando cenefas florales provoca una impresión de alegría y sensualidad, además de sorprender por el alarde del buen hacer.

Con el movimiento esteticista inglés, que tendrá en Barcelona su más ferviente seguidor, el Modernismo recupera este formato de baño, como el de la casa Navàs de Reus, que proyectó también Domènech i Montaner en 1901, con su curioso calentador de gas en hierro forjado cubierto de una pátina de latón y el lavapiés. Las ventanas-vitrales se vislumbran a través de vidrieras sencillas, de dibujo geométrico bicolor.

Los azulejos rotos y luego recompuestos mediante el sistema del *trencadís* son un método que viene de antiguo en las costas catalanas, basado en recuperar los desechos de materiales cerámicos y revestir con ellos los muros. *L'avara povertà di Catalogna*, de la que hablaba Dante en *La divina comedia*, tiene en este sistema su expresión más genuina y feliz. El Modernismo recupera esta fórmula y la utiliza en numerosas variantes. Aquí forma el tejido sobre el que se incrustan y sobresalen los lirios, símbolos de la pureza.

No podemos abandonar este escrito sin mencionar el doble lavabo del Museo Gaudí, que fue la casa donde vivió el arquitecto durante los últimos años de su vida, situada en el Park Güell y proyectada por su discípulo Berenguer en 1904. Aunque se trata de un modernismo tardío, es muy significativo este cuarto de aseo que ya anuncia la reacción novecentista. La exuberante riqueza del mundo modernista da paso a la sencillez clasicista del novecentismo italianizante.

Hemos visto, pues, algunos vestigios de los primeros cuartos de baño modernos, aquellos que nuestros tatarabuelos idearon en su afán de recuperar el esplendor perdido y los hábitos higiénicos de cuando los árabes ocuparon gran parte de la península, aprovechándose de todos los adelantos técnico-sanitarios. El estilo neoárabe tuvo una gran incidencia en el movimiento modernista, y podría definirse aquella época, a caballo del siglo, como la edad de oro de los cuartos de baño.

148

OSCAR TUSQUETS Y LA POSMODERNIDAD[1]

Aparece en estos momentos, de un modo un tanto equívoco, una escisión en el mundo de la arquitectura: el núcleo de las creencias iniciales que dio origen a la gran revolución arquitectónica –Bauhaus, Le Corbusier–, en torno a las cuales se ha nutrido la arquitectura hasta ahora y se ha organizado, forma parte del pasado. Tenemos entonces el abismo de la discontinuidad. Un abismo atemporal en donde caben todas las tipologías formales, desde las formas neoclásicas o académicas, basadas en modelos situados en el ayer, hasta las formas racionalistas o abstractas, también pensadas fuera de la historia.

Existe hoy tanto una recreación como una revisión de estos lenguajes que ya forman parte del pasado.

Desde el punto de vista histórico (académico), a esta muerte del Movimiento Moderno se la llama decadencia, en un sentido lineal y unidimensional. Se-

1. *La Vanguardia*, «Cultura», 11 de febrero de 1986.

149

ría algo así como un debilitamiento, una pérdida de poder y punto. Una imagen simplificada de la decadencia.

La fascinación ejercida por este movimiento ha creado, sin duda, esta imagen simplificada de la decadencia. Como siempre que una unidad se alza ante todos, su desintegración produce una extrañeza sin término que demanda explicaciones, igualmente sin término.

Toda muerte deja una herencia: el estilo y las cualidades formales e intelectuales, incluso morales, de quienes se formaron en aquella escuela. Aunque todo ello queda incorporado, transformado, en una nueva lógica formal adaptada a las necesidades de ahora.

Existe una disciplina de dibujo, de trabajo, pero no de finalidad, como la había en el Movimiento Moderno. Y la creación artística no obedece a una idea de proyecto, o a una supuesta realidad futura, como entonces, sino que está abierta a la complejidad de la realidad actual, que es más variada y rica.

En este contexto cabría mirar la última obra de Oscar Tusquets Blanca, recién expuesta en la galería de arte Galuchat de Bruselas, coincidiendo con Europalia. Galería que pertenece a una nieta de Mme. Stoclet, propietaria del famoso palacio que edificó Josef Hoffmann en los años 1905-1911, y que es una de las joyas de arquitectura de la llamada «Sezession» vienesa. Algunos de los muebles diseñados por Hoffmann se hallan expuestos en esta galería.

Un conjunto de dibujos de los últimos proyectos de arquitectura, óleos, muebles y objetos, nos dan la imagen del más virtuoso de los arquitectos españoles que cultiva el eclecticismo.

Entremezclada con muebles y objetos de los pioneros del diseño europeo, aparece esta obra de Tusquets Blanca, unas veces más realista y pragmática, otras clásica pero también moderna por lo arriesgada, aunque siempre con cierto estilo que lo distingue del resto de los diseñadores, arquitectos y pintores actuales.

Los proyectos de la Illa del Palau de la Música Catalana (1981-1983), del Museo de Arte Contemporáneo en Frankfurt (1983) o de la Casa en el Maresme (1983-1986), expuestos por medio de croquis, fachadas y perspectivas, representan diversas tipologías de más o menos complejidad estructural que sorprenden por el tratamiento minucioso y la libertad formal con que se han concebido.

Sin menospreciar el análisis funcional ni la coherencia del lenguaje, el autor de estos proyectos se arriesga con audacia en esa combinación expresiva de los elementos que utiliza. Así, vemos cómo en la Casa en el Maresme se inspira en la Villa Rotonda de Palladio, aunque forzando los ejes y teniendo muy presente el vademécum del Movimiento Moderno. Un modelo de casa unifamiliar, elegante y culta, que recuerda las antiguas masías de la zona, remodeladas en el siglo XIX, con reminiscencias mediterráneas e indianas.

En el Museo de Frankfurt se observa también un eclecticismo que engloba el continuo desdoblamiento de cuerpos que zigzaguean, anteponiéndose y superponiéndose, con una gran agilidad formal. Proyecto no realizado –obtuvo un accésit–, donde las distintas secuencias rítmicas se hallan limitadas en una suerte de triángulo que podría recordar la forma de una vulgar plancha eléctrica. Unidad y diversidad se confunden en este espacio, que avanza en una sola dirección como si quisiera perforar el tiempo.

Con el mismo refinamiento y dedicación, Oscar Tusquets se entrega a pintar aquello que ve, aunque no lo logra la mayoría de las veces. Resultan obras sin alma.

«Para reflejar la realidad en su plenitud es necesario, antes que nada, comprenderla.» Estas palabras de Antonio López, el maestro indiscutible del arte figurativo actual, uno de los mejores pintores vivos, y también maestro de Tusquets Blanca, ilustran el quehacer de su arte.

Para ambos lo esencial está en el matiz, en el rasgo que caracteriza a las cosas. Tremendamente exigentes, buscan obsesivamente el captar en su plenitud aquel instante, cargado de emoción y de misterio, en que se da esa realidad que nos fascina. Sus dibujos a lápiz de *Ana agonizando* son muy impresionantes.

En el borde del Ensanche refleja con claridad el encanto del caos urbanístico que aparece cuando se acaba esta zona y comienza el menestral barrio de Gràcia. Y en el fragmento de interior, *Moqueta sobre armario*, se reconoce la importancia que el artista da a cada cosa, el valor que tienen los objetos fuera de su valor habitual de significación. Objeto y sujeto son tratados de igual modo.

En cuanto al diseño de muebles y objetos, el *Jue-*

152

go de té de Alessi y la *Mesa alada* tienen una gran calidad formal al tiempo que respetan la funcionalidad. Están en ese punto tan difícil de encontrar donde lo funcional y lo artístico se entremezclan con estilo: su manera de trabajar, donde se combinan el rigor y la ternura, la sublime dignidad y el jugueteo ligero con la voluntad del alma obsesiva y perfeccionista.

Arquitecto, pintor, diseñador (donde logra destacar más), Tusquets es uno de los artistas más cuestionados que trabajan hoy en España, y su actitud, eso pretende él, emula la de los grandes arquitectos del Renacimiento.

LA SEDUCCIÓN POR LA GEOMETRÍA[1]

Dentro de los estribillos que perviven del lenguaje de la vanguardia arquitectónica, de aquello que se repite en el mismo orden y en el mismo tono, cabe resaltar la obra de Jordi Garcés y Enric Sòria, *Catálogos de Arquitectura Contemporánea* a cargo de X. Güell, Gustavo Gili.

«Una obra –según prólogo de Oriol Bohigas– que se inscribe en la línea reduccionista del arte moderno, presente en muchas y seguramente las más fructíferas variantes de la modernidad.»

Diversas tipologías, desde una fábrica, bloques de viviendas, escuelas o apartamentos hasta casas unifamiliares y ampliaciones y reformas de museos, reciben un tratamiento basado en la simplicidad, en el gesto arquitectónico mínimo, en la sobriedad más elegante y refinada.

Esta trayectoria que ya tiene más de quince años

1. *La Vanguardia*, «Cultura», 29 de diciembre de 1987.

irrumpe con un esfuerzo poético por dar definición a algo tan prosaico como un depósito de agua y unos terrenos industriales (1971), donde están implícitas las características de la obra garcisoriana. Allí se observan los volúmenes elementales que originan las relaciones en el espacio, y que en las viviendas de Mollet se desplazan con un quiebro de vacíos y silencios. Allí se vislumbra la seducción por la geometría, la justa medida con el entorno, y el casi nada, el gesto breve y rotundo que surge de la forma sutil, casi insensible, de los fríos dominios de la quietud. Allí también encontramos el color azul, que en la reforma del Museu Picasso aparece en el estucado que desgarra y descubre la estructura subyacente.

En la rehabilitación de este museo es donde mejor y más elocuentemente se resumen las aspiraciones por conseguir la máxima calidad del producto final, combinando actuaciones arquitectónicas mínimas (aunque categóricas), rigor en el diseño y materiales nobles.

Es una obra que, aun siendo muy estoica, sorprende por contener una expresividad y una emoción que van mucho más allá de la persistencia en el continuo despojo de lo accesorio. Revela una necesidad espontánea de establecer un orden sin conciencia de *establecerlo*, sino creyendo con toda ingenuidad captarlo, esa sabiduría inocente, cortés; la forma sutil, eficaz y justa de saber tratar con «lo otro». El ritmo plagado de silencios, la soledad sonora de una arquitectura callada.

Hay un diagnóstico que los singulariza, una particular cadencia y un acento autóctono que sitúa a estos arquitectos entre los más interesantes de la generación surgida de los sesenta.

Una estrategia intelectual culta informa esta obra sobria, depurada, honesta y refinada, que viene a revitalizar la poética de la exclusión en las diversas formas del hábitat.

DOS EXPOSICIONES DE DISEÑO INDUSTRIAL[1]

Ni muebles, ni joyas, ni moda; se trata de diseño industrial. Dos exposiciones recién llegadas de Alemania, allí donde se generó el gran centro de diseño durante la época de entreguerras –la Bauhaus– se acaban de inaugurar en Barcelona, el núcleo en que nació el diseño en España no hace más de una década.

BCD y la Caixa de Barcelona (en su sede del paseo de Gràcia) exponen una muestra itinerante de «Diseños de Berlín», concretamente treinta y cuatro productos del IDZ (Centro Internacional de Diseño) 1969. Desde el nuevo uniforme de los carteros berlineses hasta una lámpara de pie que se aguanta sobre su propio cable, a modo de serpiente, o una terminal de ordenador para discapacitados y un mobiliario de cartón son los objetos más interesantes que incluye esta selección, que poco o nada tiene que ver con la muestra del «nuevo diseño alemán» realizada en el

1. *El Independiente*, 9 de diciembre de 1988.

Centro Pompidou no hace mucho. Allí había una dimensión vanguardista y lúdica, en cierto modo utópica, mientras que aquí se impone como instrumento de competencia comercial. Se busca más la eficacia, la utilidad, la tecnicidad de los objetos pertenecientes a aquellas parcelas del entorno que pasan más desapercibidas, con la finalidad de sensibilizar al pequeño y mediano empresario de la importancia del diseño en el desarrollo industrial.

Se enfatiza la aplicación de nuevas técnicas en el sector de la construcción de maquinaria y vehículos —moto y vagón de tren—, de los equipos médicos —minifotómetro y equipo ortopédico de alta fidelidad— y de los servicios públicos —cabina telefónica e iluminación urbana—. Empresas, diseñadores y universitarios han colaborado estrechamente en todo el proceso de producción, por un adelanto en la calidad de los productos. Estos, expuestos de un modo imaginativo y simple, pensado para viajar, pretenden mostrar clara y pedagógicamente los métodos que han hecho mejorar de forma notable la calidad del objeto.

A modo de intercambio, en el mes de marzo se expondrá una muestra de diseño catalán en el IDZ de Berlín.

La sala Vinçon, que desarrolla una programación divertida e inteligentemente comercial, está exponiendo ahora una selección de los premios negativos a copias industriales: el «Plagiarius». Se trata de un galardón instituido por el diseñador industrial Rido Busse en 1977 —una estatuilla que representa un gnomo con nariz de purpurina, alegoría del kitsch— al com-

158

probar que en un estand de la Feria de Frankfurt se presentaba una copia exacta de una minibalanza que había proyectado su estudio tiempo atrás.

Y así, el primer premio del Plagiarius fue a parar a la compañía Lee de Hong Kong, por fusilar esa balanza. A partir de entonces, la Asociación Alemana de Diseñadores Industriales patrocinó el premio, que se ha convocado cada año, y su influencia sobre el público y legisladores es tal que además de provocar la retirada del mercado de productos plagiados, también ha servido para reformar la ley de protección del diseño.

A pesar de que el Plagiarius es un premio que nadie quiere recibir, cada año se seleccionan treinta o cuarenta copias, muchas de ellas fabricadas en Hong Kong o Taiwán, para abaratar costes.

Teléfonos, ceniceros, cubiertos, máquinas de afeitar, planchas, grifos, calendarios, sacacorchos: el auténtico y su doble. Muchas veces cuesta discernir cuál es el original, tal es la calidad del plagio. No podía faltar la copia española de un llavero, fabricado por CIPE, Sociedad Anónima, exacto al original, de la Huber de Salzburgo, que no llegó a ganar el premio por ser un plagio imperfecto.

La piratería de patentes, el bandidaje de *copyrights* y el robo de marcas están cada vez más en auge, mientras que los gobiernos parecen ignorarlo a la hora de debatir las relaciones internacionales.

LE CORBUSIER, PARADIGMA
DE LA ARQUITECTURA MODERNA[1]

No hay arquitecto de este siglo que haya desper-
tado tanta polémica ni haya abierto más el campo de
expresión, convirtiéndose en un punto de referencia
fundamental para generaciones futuras, como Le
Corbusier. Profeta de la estandarización, de la industrialización, de las nuevas técnicas y exigencias sociales, su figura con el tiempo deviene más compleja,
más interesante y más heroica. Aprehender su obra,
su sorprendente diversidad resultante de la multiplicidad de sus intereses artísticos y la trayectoria de
vida que atraviesa los momentos cruciales del desarrollo de la arquitectura moderna –desde la época de
las vanguardias hasta las inflexiones de la segunda
posguerra– es tarea ardua y siempre inacabada.

Esta «extraña mezcla de relojero suizo, filósofo
cartesiano y Rey Sol» es la culpable de las transformaciones en el modo de pensar y producir la ciudad

1. Septiembre de 1988.

como hecho artístico. Fue un ser ávido de regir según el conocimiento, lleno de la exigencia occidental que ha hecho de los saberes conocimiento, de la exigencia que hace existir el pensar: lo formula, lo declara y lo transforma en ley, volcándose enteramente y constituyendo un saber arquitectónico.

En los centenares de artículos y más de cincuenta libros publicados delimita, diferencia, clasifica y tipifica operaciones que preludian el absoluto de la unidad planificadora. Define cuatro modelos urbanísticos y propone una transformación radical de la metrópolis: en los años veinte, «La ciudad contemporánea para cuatro millones de habitantes»; en los años treinta, «La ciudad radiante»; en los cuarenta «Los tres establecimientos humanos» y en los cincuenta, «La regla de las 7v»; enfrentándose audazmente a la utopía, mediante una poética transparente y vibrante.

Con un año de retraso, Barcelona celebra el centenario del nacimiento de Charles-Édouard Jeanneret –el gran agitador y propagandista de la arquitectura– a través de una serie de exposiciones, conferencias, debates, etc. El área de Cultura del Ayuntamiento ha traído la magnífica exposición realizada por el Centro de Creación Industrial del Beaubourg de París, «La Aventura Le Corbusier (1887-1965)» que se exhibe en el Palau de la Virreina y en la Fundación Miró. Numerosas maquetas, proyectos originales, diseños y esbozos, pintura y escultura, libros y cartas reconstruyen el itinerario intelectual y formal en todos los campos de su actividad profesional, proponiendo una imagen sintética y crítica del más polé-

161

mico, el más utópico y el más político de los arquitectos.

A medida que pasa el tiempo no es tanto su modernidad lo que nos choca, sino la continuidad con la Antigüedad. A través de sus escritos en *L'Esprit Nouveau* —revista fundada por él mismo tomando el título prestado de Apollinaire— reivindica el estatus artístico y la difusión de la arquitectura moderna al tiempo que efectúa una revisión de la arquitectura de la Antigüedad clásica. Algunos años después, a raíz de un congreso del CIAM en Atenas, a propósito del Partenón, dice: «He tratado de actuar y de crear una obra armoniosa y humana. Lo hice con esta Acrópolis en el fondo de mí mismo, en mi vientre».

Y allí están la Villa Savoye (1928-1930), la prístina caja blanca levantada sobre veintiséis finas columnas, con un juego exquisito entre opacidad y transparencia. Y la iglesia de Ronchamp (1950-1955), modelo de síntesis de las artes. Como un pájaro iniciando el vuelo o la nave, presta a partir, surge imponente y majestuosa. Y también L'Unité d'Habitation de Marsella (1945-1952) o la ciudad-jardín en vertical, que trasciende simbólicamente la función ordinaria de vivienda. O Chandigarh (1951-1964), la gran metrópolis, esa meca de la moderna arquitectura. Todas ellas versiones nuevas de lo inalterable. La arquitectura vuelve a encontrar su lugar en el mundo.

La relación de Le Corbusier con Barcelona es objeto de otra exposición, que se presenta en el vestíbulo central de la Universidad de Barcelona en colabora-

162

ción con la Fundación Caixa de Catalunya y comisariada por el arquitecto Fernando Marzá. La muestra gira en torno al Plan Macià –encargado por la Generalitat de Catalunya en colaboración con el GATCPAC en 1932–, la serie de pinturas sobre *La caída de Barcelona*, y la aplicación de la bóveda catalana en la arquitectura de Le Corbusier, así como su fascinación por la obra de Gaudí.

El hecho de que hayan trabajado en Barcelona dos de los mejores urbanistas de los siglos XIX y XX –Cerdà y Le Corbusier– sitúa a esta ciudad como punto de referencia obligado en el panorama de la cultura arquitectónica y urbanística moderna. El Plan Macià, una puesta a punto de La ciudad radiante, se estructuraba en un centro neurálgico, la City, enclavado junto al puerto, y de allí «crecían biológicamente» dos ejes, el Paralelo y la Meridiana, complementados con la Gran Vía. El puerto y el mar recuperaban así una posición avanzada a través de tres rascacielos, que en lugar de ser cruciformes lo eran en forma de Y. Con el advenimiento de la Guerra Civil, la muerte de Torres Clavé en el frente y el exilio de Josep Lluís Sert –los arquitectos claves del GATCPAC y el nexo entre Le Corbusier y Barcelona– se truncó el plan al tiempo que se paralizaba la evolución de la arquitectura moderna en este país.

Hay todavía una exposición más de Le Corbusier, en la Galería ASB, que se estrena con un número relevante de dibujos, collages y obra gráfica, puestos a la venta, y que constituye un acontecimiento «precioso» en la ciudad; sobre todo de cara a la valoración de esa búsqueda metódica del orden, de la ar-

163

monía, a través de la memoria, de la transcripción de la visión, cual instrumento de investigación y materialización de la idea que conforma su obra plástica.

Se le conoce fundamentalmente como arquitecto y no se le quiere reconocer como pintor, y desde luego es a través de la pintura como llega a la arquitectura. Estas aseveraciones del maestro suizo iluminan la importancia que otorgaba a su pintura. Fundador del purismo junto a Ozenfant, como reacción al cubismo, a finales de la Primera Guerra Mundial, su obra posterior (firmada ya «L.C.») cambia radicalmente e inicia una singladura que irritó enormemente a Léger y a los constructivistas, quienes le acusaron de formalista y academicista.

Busca los encantos de la forma allí donde pueda encontrarlos. Las formas se sobreponen y aparecen estrechamente ligadas, unidas como un objeto único, obtenido por conexiones orgánicas. Dueño ya de un lenguaje, descubrirá las variaciones continuas de la forma, incorporando una dimensión simbólica y descubriendo un potencial onírico y poético de objetos naturales que asocia a los manufacturados.

La formidable producción de Le Corbusier se caracteriza por un número impresionante de dibujos, collages y pinturas, que por su interés histórico y estético constituye un conjunto de una riqueza excepcional.

Pintor, escultor, escritor, arquitecto, urbanista, la obra de Le Corbusier se extiende por los cuatro continentes y su proyección va ampliándose y definiéndolo ya como uno de los grandes genios de este siglo. El Picasso de la arquitectura, decían.

164

LA ARQUITECTURA DE JOSEP M. JUJOL[1]

Un factor decisivo en la minusvaloración del arquitecto Josep M. Jujol (1879-1949) ha sido su asociación con Gaudí, con quien trabajó en su primera época, desde 1905 hasta 1913. Su figura ha estado siempre ensombrecida por la del maestro. Aunque de él haya utilizado el lenguaje de formas serpenteantes, como en aquellos muros y cubiertas ondulantes de la casa Planells (1923) y de la casa Negre (1915). Aunque se haya valido de las cubiertas como espacios lúdicos, tanto desde una óptica espacial como plástica, en la iglesia de Vistabella (1918-23). Aunque hayan compartido ese sentido religioso de la arquitectura, y la misma idea de integración de todas las artes, la obra de Jujol tiene una entidad inconfundible. También Gaudí le debe la colaboración en sus mejores obras. ¿Acaso no es significativo el que Jujol haya trabajado en las obras más revolucionarias y totales de

1. *El Independiente*, 5 de mayo de 1989.

Gaudí, como son la casa Batlló, La Pedrera, la Colonia y el parque Güell?

La obra de Jujol tiene una trayectoria propia y una personalidad más espontánea y desinhibida que la de su maestro, una sensibilidad más refinada y una gracia y elegancia en el diseño muy rara de encontrar entre sus coetáneos. Provisto de una sólida formación científica y técnica, lo suyo es proyectar «breve»; unas estructuras geométricas simples –Vistabella, un cuadrado; la torre de la Creu, una compenetración de cinco cuerpos cilíndricos–, que provocan una tensión entre la exactitud geométrica y la deformación fluida, frenética, irónica e irracional, ensamblándose de modo sugestivo e inesperado. Pienso en la casa Planells, donde las ventanas del primer piso forman una arista pronunciada que contrasta con las curvas de la fachada.

Nunca tuvo encargos de gran envergadura. La mayor parte de ellos fueron obras planteadas en términos de ahorro económico, desperdigadas en lugares escondidos, mayormente para clientes pertenecientes al medio rural y obras de reforma. La casa Bofarull (1914) y la casa Negre (1915) son sus configuraciones más creativas, a partir de obras ya hechas. Sus intervenciones drásticas en la arquitectura del pasado son valientes, obteniendo una transformación radical mediante elementos absolutamente identificados con su estética; barroca y povera al mismo tiempo; culta y popular, goza de una libertad y una riqueza de invención inagotables. Como cuando utiliza unos alambres y cartones para hacer una lámpara, o coloca piedras del camino para hacer cornisas.

166

A partir de 1926 (año en que muere Gaudí; él se casa al año siguiente) su obra pierde vitalidad y se va apagando aquella vibración llameante del espacio que se prolonga en los cielos rasos, o en esas incisiones con forma de llamas sobre los vanos (en la catedral de Palma), o en los muros pintados que son como sombras proyectadas por el fuego. En la tienda Mañach (1911), hoy desaparecida, los respaldos de las sillas y el tirador de la puerta son corazones abiertos y sangrantes. O cuando quema el azulejo o la madera como medio decorativo, en el parque Güell y el comedor de su casa. Gestos que son incandescencia. Y aquellos hierros que se entrelazan formando una parrilla para acoger el fuego que debía flanquear la torre de casa Bofarull. Suspiros, rayos luminosos, imágenes ópticas y sobre todo impulsos, como si el acabado de la obra se fuera desplazando de la propia arquitectura en rápidas descargas eléctricas. Efectos que suscitan afectos. Una arquitectura con atributos.

REVISIÓN DE LA ARQUITECTURA
MODERNISTA CATALANA[1]

Dos exposiciones antológicas, una sobre Lluís Domènech i Montaner en la Fundación Caixa de Barcelona y otra sobre Puig i Cadafalch en la Fundación Caixa de Pensions, nos brindan la oportunidad de revisar la obra de estos arquitectos que configuran el modernismo catalán desde sus inicios hasta su evolución al novecentismo.

Son arquitectos que se mueven en un clima de confianza en la técnica y en los descubrimientos científicos modernos, en un simbolismo expresivo influido por el arte de Richard Wagner y el decadentismo de fin de siglo unido a un exaltado nacionalismo catalanista. Una de esas tendencias, cuyos máximos representantes son Domènech i Montaner (1850-1923) y su discípulo más aventajado, Puig i Cadafalch (1867-1956), propone una arquitectura inclusiva, tecnológicamente experimentalista, ornamentalmente

1. *El Independiente*, 18 de diciembre de 1989.

168

optimista, y consciente de la construcción de un arte para las nuevas instituciones y las nuevas clases dirigentes.

Esa tendencia puede resumirse en una voluntad de progreso, entendido en la línea de racionalidad y honestidad constructiva y funcional, y un lenguaje heterodoxo y libre de preocupaciones puristas. Lo que impresiona de ella es la solidez de sus ideas compositivas, la claridad y el orden de sus proyectos y la extraordinaria atención hacia las artes decorativas.

Puig nunca alcanzó el nivel creativo de su maestro. Su arquitectura puede clasificarse en una serie de fases que se apoyan en la propia transformación social y política del país, en la que tuvo una participación muy activa. Infatigable investigador y notable erudito, Puig dejó bien claro el reconocimiento de la historia, de las tradiciones y de los estilos de la arquitectura catalana, definió la identidad catalana y la relación del arte con la tierra y el genio colectivo de un pueblo.

Entre 1900 y 1906 realiza las casas Ametller, Macaya y Quadras, en Barcelona, en un estilo que varía entre medievalismos arqueologistas y barroquismos con rasgos populares e influencias austriacas y alemanas. La casa Ametller (1900) constituye un ejemplo típico del modo de entender el modernismo como síntesis de elementos historicistas en versión renovada.

La casa de les Punxes (1905) y la fábrica Casarramona (1911) son sus dos conjuntos de mayor envergadura volumétrica, que indican su gran capacidad como proyectista. En ellos utiliza el juego del ladrillo y de las referencias estilísticas históricas, respondiendo a su tesis de «un arte moderno, tomando como base nuestro arte tradicional, ornamentándolo con las bellezas de los nuevos materiales, resolviendo con un espíritu racional las necesidades del día».

De la extensa obra arquitectónica de Domènech cabe destacar la editorial Montaner y Simón, realizada entre 1882 y 1885, considerada como un hito histórico, el Café Restaurante y el Hotel Internacional (construido en 53 días) para la Exposición Universal de 1888, la casa Navas de Reus (1901) y la casa Lleó Morera (1905), uno de los ejemplos más significativos antes de realizar las obras maestras del Palau de la Música Catalana (1908) y del Hospital de Sant Pau (1902).

El Palau de la Música es, posiblemente, la obra más importante y representativa del modernismo catalán. Es un edificio que sorprende por su decoración floral, por su policromía, por la sucesión unitaria del espacio, y sobre todo por el planteamiento estructural. La planta libre, cerrada por una caja continua de vidrio, constituye un hallazgo extraordinario. Es como una suerte de caja de Pandora donde confluyen la fragilidad y la rudeza, la fantasía y el rigor.

Tanto por la exuberancia ornamental como por los planteamientos racionalistas en cuanto a la estructura, construcción, disposición y adecuación de los espacios interiores, el conjunto resulta un trabajo excepcional y de plena madurez.

El enorme grupo escultórico de la fachada, obra de Miquel Blay, y el de la embocadura del escenario de Gargallo, la cantidad de variantes de los revestimientos cerámicos o los trabajos del mosaísta Lluís Bru, y la vibración de la luz a través de las vidrieras, otorgan a este edificio una calidad y opulencia sensorial hasta entonces nunca experimentada.

UN MODELO DE REMODELACIÓN:
EL PALAU DE LA MÚSICA[1]

Tras mucho tiempo de falta de mantenimiento y graves mutilaciones, el Palau de la Música Catalana ha vuelto a recuperar su esplendor perdido. Ha sido una de las raras actuaciones culturales en que se han puesto de acuerdo las cuatro instituciones: Generalitat de Catalunya, Ayuntamiento de Barcelona, Diputación de Barcelona y Ministerio de Cultura, para reformar la sede del Orfeó Català, una institución privada.

Ha resultado una operación costosa pero brillante, no tanto por el presupuesto (1.800 millones de pesetas), sino por la complejidad de la actuación. Se trataba de recuperar uno de los edificios más significativos de la ciudad, la joya del modernismo catalán, dotándolo para las nuevas y actuales necesidades. Para ello, el equipo de Oscar Tusquets y Lluís Clotet realizó un anteproyecto que contemplaba la construcción de un cuerpo adyacente para los servicios complementarios y la interven-

1. *El Independiente*, 29 de enero de 1990.

172

ción en la iglesia contigua para recobrar un espacio urbano, una plaza triangular por donde se accedía de nuevo al Palau, recuperando así las tres fachadas originales del edificio de Domènech i Montaner. El proyecto definitivo ha sido llevado a cabo por Oscar Tusquets, experto restaurador de la obra del arquitecto modernista, con un sentido funcional y artístico notables.

Desde el punto de vista estructural, las dos grandes aportaciones de Domènech en el Palau son la creación del espacio continuo y la del muro de vidrio, que han sido potenciadas en esta remodelación mediante la formulación de un gran *foyer* como espacio que une las dos entradas al Palau, y la protección de la nueva fachada con unas enormes placas de cristal sellado sostenidas por tensores. Es otro muro de vidrio que conforma una galería por donde se genera el aire acondicionado y también se accede a la sala de conciertos, además de filtrarse la luz, otra de las premisas del Palau y motivo de estudio por parte del arquitecto restaurador.

Aunque todavía faltan por restaurar las vidrieras del escenario, la luz ha recobrado su protagonismo tanto en la sala de conciertos como en la de ensayos, y la iluminación artificial es un acierto. Pienso en aquellas luces tan efímeras y sutiles del *foyer* o en la lámpara de metal, una media esfera invertida cubierta de panes de oro que al tiempo sirve de elemento de percusión del sonido en la sala de ensayo, y la luz de alarma colocada dentro de un espejo.

La profusión de elementos decorativos tan característica del Palau ha sido también motivo de preocupación en el nuevo edificio: el uso de la piedra artificial o el vidrio tallados, de los estucos o los bronces, del juego del ladrillo, de la mezcla de moqueta y mármol, del interés por los remates y las entregas, indica la atención hacia las artes industriales y el diseño, de otra parte muy propia de la obra de Tusquets.

La intención de tener siempre como paradigma el Palau en el edificio contiguo es una constante, y recordarlo a través del doble espacio en los tres pisos de la torre o de la misma solución en abanico que se encuentra tanto en las bóvedas de la sala de conciertos como en el gran capitel que sostiene la torre. La escalera interior del nuevo edificio es quizá el diseño más logrado del conjunto, con su arrimadero de estuco en tenues rosas y verdes (los colores clave del Palau), y las ventanas en forma de ojo de buey fragmentado y desplazado.

Ha habido cierta polémica respecto a la acústica y a la ampliación y escalonamiento del escenario, en la que han participado los especialistas Kramer, García de Paredes, el entonces director de la Orquesta Ciutat de Barcelona, Ros Marbà, y el físico Arau.

Sin embargo, hay que reconocer que el haber recuperado la reverberación de las vidrieras y del suelo de piedra, o el diseño acústico de los asientos, o la movilidad del escenario con la posibilidad de acoger público o de escalonar también la cuerda son un acierto.

Esperemos que esta espléndida remodelación de uno de los auditorios más impresionantes del mundo sirva de lección para los responsables de la actuación sobre el Liceo, que de momento va muy mal encaminada.

INTERVENIR EN GAUDÍ: EL DESASTROSO EJEMPLO DE LA SAGRADA FAMILIA[1]

No encuentro palabras para definir el ultraje que se ha cometido con la obra de Gaudí, un ultraje institucionalizado que se ha venido dando desde que se decidió, al margen de la ley, continuar la construcción de la Sagrada Familia. Desde entonces, y sin piedad, el ejemplo de barbarie ha dado lugar a un exterminio sistemático que no puede dejar indiferente a nada ni a nadie. A medida que con el tiempo la obra de este artista adquiere una magnitud más y más relevante, y su grado de modernidad no deja de asombrar siempre, las intervenciones, o más bien las depredaciones, que se han hecho de sus obras van tomando un cariz que clama al cielo impugnar y plantearse un interdicto.

No solo como miembro de la Asociación de Críticos de Arte, sino como ciudadana de a pie siento la

---

1. III Jornades Internacionals d'Estudis Gaudinistes, 17 de noviembre de 1995.

175

obligación de denunciar el acto de agravio sistemático hacia la obra de uno de los artistas más totales de la historia de la humanidad. Se ha traicionado el espíritu globalizador del corpus gaudiniano.

Es increíble que una ciudad como Barcelona haya permitido, por ejemplo, los trabajos para continuar con la Sagrada Familia, sin un respeto hacia la obra ya existente, sobre todo teniendo en cuenta que a muy pocos metros se halla una de las obras más importantes del maestro, como las Escuelas que fueron reconstruidas tras la guerra. Aquellas que provocaron en Le Corbusier un impacto que le llevó a replantear su propia obra, según dicen algunos.

Con premeditación y alevosía se ha cometido un acto de genocidio intelectual y artístico que ha marcado unas pautas de conducta exterminadoras en las intervenciones y rehabilitaciones posteriores. La *Catedral dels pobres*, como la bautizara en su día el pintor Joaquín Mir, se ha convertido en un juego de Exin Castillos que amenaza con derrumbarse en su insolente y sacrílega parodia. Es pasto de mercaderes que merecen ser expulsados del Templo.

Es una serie de errores tan flagrantes la que se ha cometido allí que ha sentado una suerte de jurisprudencia maldita, un precedente que ha marcado una falta absoluta de rigor a la hora de remodelar o restaurar la mayoría de los edificios de Gaudí. Este libre albedrío desatado ha llegado hasta el extremo de que parte de las reformas de la casa Batlló se han hecho sin permiso municipal. Y se ha perdido la ocasión de recuperar uno de los espacios más espectaculares y más genuinos de Gaudí, precisamente cuando su lenguaje ya se manifiesta libre del peso del historicismo. Los decoradores e interioristas últimamente han tomado la delantera a los arquitectos y se han permitido todavía más licencias para vulnerar los interiores gaudinianos, tal es el caso de los sótanos y planta principal de la casa Batlló y el de los sótanos de La Pedrera. Ambos han sido pasto de estos banales depredadores, hasta el punto de que nadie diría que nos encontramos en un espacio gaudiniano.

Es precisamente en los sótanos en donde se puede ver con toda libertad esa unidad plástico-estructural que caracteriza a la obra gaudiniana. En los sótanos, en los desvanes, en las azoteas, es en estos espacios donde el artista manifiesta una libertad creadora sin límites, allí donde el lenguaje adquiere una expresión que alcanza unas cotas, diríamos, sublimes. Provocan ese sentimiento tan ambiguo, de cuando la belleza se aúna con el temor, tal es la impresión de descubrir un espacio nunca visto, quizás soñado. Un espacio telúrico, sagrado, en el que uno puede descubrir la auténtica arquitectura, la arquitectura con mayúsculas. Pienso en los sótanos del Palau Güell, en los desvanes de Bellesguard, en la cripta de la Colonia Güell, o también en los desvanes y azotea de La Pedrera. A través de unos medios muy rudimentarios y simples experimenta, porque hace y deshace *in situ*, hasta alcanzar un nivel de expresión absolutamente único. Fuerza las estructuras y las posibilidades del ladrillo, utiliza materiales de desecho, las piedras apenas cinceladas y aparece un monumento de arte povera sin preceden-

177

tes en la historia. Tal es el caso de la cripta de la Colonia Güell. Un ejemplo de arquitectura expresionista, tensionada, que entre la gravitación y la oscilación –con tan solo ladrillo y aquellas brutales columnas de basalto– manifiesta una complejidad de sensaciones, visiones, semipensamientos que sobrecoge.

La Pedrera ha sido una obra enormemente machacada. Entre los inquilinos desaprensivos y la avaricia de los sucesivos dueños, no ha dejado de ser continuamente violada. Ellos no son conscientes de las servidumbres que gravan la propiedad o el usufructo de las obras de Gaudí. En los últimos tiempos, precisamente en la azotea ha aparecido un falso visitador que cubre una caja de ascensor (si al menos hubiera sido transparente) que viene a romper deliberadamente aquel recorrido fantasmagórico, aquel diálogo de visitantes que se ha organizado en el tejado. Paisaje petrificado. Acaso figuren las esculturas rápidas del viento, tal es el nivel de abstracción que alcanzan. «La irrealidad de lo mirado da realidad a la mirada», como dice Octavio Paz. Aquí Gaudí da rienda suelta a todos sus fantasmas y provoca un aquelarre de máscaras que anticipa y supera de largo el caos surrealista. No sé si Joan Miró había contemplado alguna vez esta azotea, lo dudo, pero el caso es que no están tan lejos estos monolitos de ambos genios de la Tarraconensis. Son lenguajes afines, quizás por haber compartido la misma tierra y el mismo mar, y porque se nutrieron de ellos para expresarse. Estas formas casi geológicas, oníricas, las visionaron más torpemente los surrealistas.

Los responsables de la última restauración de La Pedrera, mejor dicho, los culpables, aún se permiten dudar sobre la eliminación de una intervención de los años cincuenta en los desvanes, debida a un arquitecto mediocre llamado Barba Corsini. Sería un error el dejar de recuperar en su totalidad esa planta elíptica que corona el edificio y que viene a ser una extraordinaria muestra de constructivismo *avant la lettre*, además de constituir un espacio donde la repetición sistemática y constante del arco catenario provoca una insistencia, una obstinación, cual latidos de tiempo...

Otro ejemplo más de dislate es la remodelación de El Capricho, en Comillas, Premio Europa Nostra de Restauración. No sé si habrán querido premiar la restauración culinaria de su nuevo uso, ya que se trataba de reconvertir una casa particular en un restaurante de lujo. Pero lo que sí está claro es que se ha realizado un trabajo en el que ha prevalecido y se ha potenciado la nueva función en detrimento del concepto de respetar y consolidar la obra gaudiniana. Se hizo caso omiso de la documentación archivada en la Cátedra Gaudí respecto al invernadero. Con el agravante de que se ha levantado el suelo unos treinta centímetros de su nivel original, entorpeciendo así la función de patio trasero cerrado por un muro de contención con banco incorporado que preludia soluciones posteriores del maestro en el parque Güell.

Aquello que ha sido destruido por el tiempo y de lo que no hay huellas suficientes para repetirlo, ¿por qué no dejarlo como está y respetar el deterioro del tiempo? Es algo que todo el mundo entiende. Lo que

179

no se entiende es que uno se invente algo impunemente so pretexto de que no hubiera rastro y lo plantifique aludiendo excusas impresentables, interceptando y compitiendo sin pudor con la obra de Gaudí. Como es el caso de algunas chimeneas del Palau Güell. ¿Por qué tenemos que soportar la arrogancia de determinados *soi-disant* artistas que osan inmiscuirse en una obra cerrada como es la azotea del Palau Güell? No lo puedo entender: es un fraude, una broma pesada. Recuerdo la última vez que estuve allí, acompañando al escultor Ellsworth Kelly, que no paró de fotografiar aquellas esculturas que preludian los pináculos de la Sagrada Familia. Nos preguntábamos si Picasso habría contemplado alguna vez aquella fragmentación que anticipa el cubismo. Luego, he sabido que ha montado una exposición en Nueva York con todo aquel material fotográfico recogido ese día en la azotea, antes de su profanación.

Me pregunto por qué estos elementos de remate no han sido tratados como obras de arte, si poseen de largo todas las características, y basándose en qué se ha suplantado aquel maravilloso jardín de esculturas. ¿Acaso los restauradores de obras de arte no emplean elementos neutros que consoliden y protejan las piezas sin añadir de su cosecha? Tratándose de un espacio absolutamente lúdico, no cabe ninguna excusa funcional que justifique determinadas suplencias. Una vez más el ejemplo devastador del trabajo escultórico de la Sagrada Familia ha tenido aquí una repercusión fatal.

Propongo, pues, que en estas Terceras Jornadas Internacionales de Estudios Gaudinistas se recoja un

180

memorial de agravios y se cree un tribunal de profesionales libres que salvaguarde los derechos de autor del maestro, supervisando regularmente la obra gaudiniana y controlando las memorias de restauración, para poner fin de una vez por todas a semejantes desaguisados. Pues si no se da un golpe de fuerza y se neutraliza esta dinámica exterminadora, a este paso llegará un momento en que la transformación conseguirá hacer de la obra de Gaudí un verdadero pastiche. Acabemos de cuajo con esta conjura de necios. Desparasitemos de una vez por todas la obra de Gaudí, para que pueda ser gozada al máximo en su autenticidad.

LA CASA DE LAS FLORES DE FUEGO[1]

No cabe recorrido más excitante que el de El Capricho (Comillas, 1883-1885), cuyo nombre indica
la índole de la propia casa. En el interior, los espacios
se suceden en continuos ritmos de secuencias sinco-
padas, espacios que se alargan como en la galería de la
planta noble, se recogen como paréntesis entre el vestíbulo y la galería o en arco reforzado con soportes de
hierro visto para sostener la cúpula; se abren al exterior, en un estar fuera aun dentro –el invernadero– y
se quiebran, como en la buhardilla dividida en dos
cuerpos por el salón de doble altura, o se retuercen en
espiral por la escalera que conduce desde los sótanos
a la torre. Siempre tuvo cierto aire de casa encantada,
con sus múltiples y estrechas escaleras de caracol, una
de las cuales conduce hacia la torre interminable, con
mirador bajo la cúpula desde donde se contemplan
las vistas sobre la copa de los árboles; con sus asientos

1. *La Vanguardia*, 15 de marzo de 2002.

aposentados sobre el vacío, dando la espalda al jardín y bajo una pérgola de hierro; con su invernadero y gruta de estalactitas pétreas o con sus ventanas sonoras. Así empieza el concepto de «paseo arquitectónico» que Le Corbusier lanzaría a la palestra mucho después. A partir del sentido lúdico que tiene este edificio. El crear en las cubiertas intrincados itinerarios es uno de los hallazgos más logrados de Gaudí, y tiene aquí su comienzo más genuino. El recorrido que lleva desde el altillo a la galería junto al tejado y sobre el invernadero, y culmina en la torre sostenida por frágiles y sutiles columnas para no romper el panorama, anuncia la valorización de espacios marginales que hay en la obra gaudiniana: desvanes, azoteas, terrados, torres, tratados con una energía imaginativa y extraordinario talento dramático, que seguramente inspirarían en Le Corbusier el proclamar «la vida sobre el tejado».

Y la luz tratada desde la complejidad, desde la diversidad, la que mantiene despiertos los sentidos: la cenital de la claraboya del salón de doble altura, la matizada de los vitrales de la sala de música, o la cegadora del invernadero que inundaba la galería a la que venían a parar las habitaciones de la planta principal. O la del ventanal corrido de la fachada norte, con su doble cristalera, la ventana panorámica que se abre a la arboleda de enfrente. La transparencia es el elemento que irrumpe en la arquitectura y rompe y rasga con el mundo de las separaciones. Muros cubiertos de azulejos brillan y se multiplican, cual latidos de hoja y de flor: el girasol –flores de fuego– recorre como si de una enredadera se tratase casi toda la fachada, que se asienta sobre una base de piedra de sillería almohadillada en la que se abren las ventanas del sótano, allí donde se encuentra la zona de servicios. Del violáceo de la piedra al ocre del ladrillo y del amarillo al verde. Más arriba, los reflejos metálicos de las tejas vidriadas vienen a cubrir el edificio, como si de un halo procedieran. Es un despliegue matérico que revivifica la arquitectura y la devuelve a su papel rector de las demás artes, como fundamento de la obra de arte total.

El hecho de cerrar la planta en forma de U, reservando parte del patio al invernadero, es una solución audaz temperamentalmente muy propia de Gaudí. La forma como símbolo de la estructura. Se trata de una tipología que indica recogimiento, que acoge la luz y se recoge del frío, conformando un microclima aislante y aislado. El que se pudiera acceder a él desde los varios cuerpos de la vivienda y contemplarlo desde el tejado o desde el jardín lo convertía en el protagonista de la casa. El que se templara a través de baldosas hidráulicas enfatizando el efecto invernadero le otorgaba una funcionalidad climática muy apropiada para las temperaturas húmedas y tibias del lugar. El patio fue desde antiguo en la arquitectura mediterránea, en la culta y en la popular, un lugar indispensable de la casa, y Gaudí lo transforma introduciendo este jardín interior mediante la tecnología más avanzada. Allí se encontraban las especies exóticas traídas por su dueño, Máximo Díaz de Quijano —cual trofeo de caza—, que le fueron familiares durante su estancia en La Habana. Así reproduce la escena que añora, al igual que muchos europeos que, a su vuelta de las colonias, valiéndose de las nuevas estructuras de hierro, protegen las especies «conquistadas» bajo estas nuevas tipologías. Estas grutas transparentes y etéreas se pusieron de moda en el litoral catalán durante el fin de siglo, en los patios del Ensanche y en las torres de veraneo, como un nuevo espacio arquitectónico hasta entonces desconocido. Algo así como «el paraíso perdido» del indiano.

Poca cosa se sabe de don Máximo aparte de su afición a las plantas y a la música. Abogado carlista, sometido a un consejo de guerra en Santiago [Archivo de La Habana. Información de Antonio Correa] por incitar a la rebeldía contra el gobierno liberal de la metrópolis, acaba ejerciendo en La Habana de defensor de los intereses de los indianos. La habitación contigua al salón de El Capricho era la sala de música, de la que tan solo quedan los vitrales: en uno, la libélula toca el violín, y en el otro, el pájaro picotea el piano, unas metáforas tan sonoras como imposibles. Murió al poco tiempo de inaugurar su casa, no sabemos si del susto o del gusto de habitar en semejante «paraíso de luz y de color». Los colores adquieren aquí una energía desacostumbrada y entran a formar parte de la arquitectura con una intensidad victoriosa. Era una casa que respondía al clima de euforia que había en las ciudades modernas de entonces, con una fe en el progreso sin límites y un radicalismo positivista a prueba de escepticismos. Era una casa alegre, divertida, exótica, vanguardista, con un sentido de la domesticidad irónico y lúdico, y con muchas de las características de las «obras manifiesto», aquellas que, como la Villa Savoye de Le Corbusier o la Tugendhat de Mies van der Rohe, son difíciles de soportar por su fuerza e imposición. Suponían una nueva manera de vivir. Y una dedicación continua, en la que cualquier detalle era susceptible de convertirse en *conversation piece*. Quizás sea por todo ello por lo que sus dueños la abandonaron pronto y han sido por tiempo víctimas de un continuo transformismo y expolio.

ARQUITECTURAS AUSENTES[1]

Hubo un tiempo en que se plantearon nuevas formas de vivir. Durante la II República, un grupo de jóvenes arquitectos –el GATCPAC– idearon y experimentaron sobre la vivienda mínima, proponiendo formas de vida alternativas, espacios racionales, con materiales nuevos, no tanto con un concepto visionario, sino más bien utilitario, servicial, dando una gran prioridad a los espacios comunitarios, una arquitectura sin estilo y sin arquitecto como preconizaba Josep Lluís Sert desde el órgano de propaganda AC: una arquitectura que contemplaba el presente y el futuro inmediato, con un nuevo lenguaje con el que Le Corbusier y la Bauhaus ya habían comenzado a experimentar y que en Barcelona dejaría unas obras paradigmáticas –la casa Bloc y el Dispensario Antituberculoso– edificios que rompen con todo lo establecido para de forma tajante y rotunda acceder a la modernidad. Arengados

1. *Avui*, 19 de diciembre de 2002.

y avalados por el gran Le Corbusier, de un modo radical, valiéndose de unos materiales industriales, prefabricados y de bajo coste pusieron en marcha todo un manifiesto ideológico de cambiar las condiciones de vida a través de la construcción de escuelas, hospitales, vivienda obrera, ocio, y el Plan Macià. Una arquitectura que se interesaba por la vida de la gente, alegre y optimista, y dispuesta a resolver los problemas colectivos de vivienda que las ciudades españolas ofrecían. Pero quedó mucho por hacer, y la Guerra Civil y el franquismo acabaron con todo lo que estaba en marcha, como el proyecto de la Ciutat del Repòs i de Vacances que debía situarse en aquella zona paradisíaca que era entonces la playa de Castelldefels.

En Francia, el Frente Popular de Léon Blum acababa de instaurar les *congés payés*, que iban a permitir por vez primera que la clase obrera conociera el mar. En esos momentos en Europa, concretamente en los congresos del CIAM, se discutía sobre la vivienda mínima, y Sert y sus amigos del GATCPAC diseñaron el Frente Marítimo de Viladecans, Gavà y Castelldefels como una ciudad popular en un parque natural que se extendía a lo largo de diez kilómetros de costa. Había que solucionar la vivienda y el ocio, libres de la especulación, para la clase obrera barcelonesa, y ellos hicieron unas propuestas de viviendas ampliables que oscilaban entre los 10 y los 42 metros cuadrados y resultaban de un valor económico muy asequible.

Se creó entonces una cooperativa que reunía a más de seiscientas agrupaciones catalanas con más de ochocientos mil afiliados, que empezó a vender los terrenos, como también unos modelos de vivienda mínima que uno mismo podía construirse en unas cuantas horas: lo que se llamó *la caseta desmuntable*. Y que venía a ser como una puesta al día de aquellas casetas de playa de finales de siglo, hechas básicamente de madera, pero esta vez se incorporaba la uralita, un material reciclado, leve, muy aislante que venía a reforzar el carácter efímero y nómada de esta construcción. Era una casa móvil, ligera, libre de pintarse en varios colores según el gusto del propietario, y que abría múltiples posibilidades, como solución de emergencia, como anexo de otros asentamientos o simplemente como uso de fin de semana. En septiembre de 1932 se montó en la Via Laietana y tuvo un éxito inesperado y recibió más de setenta mil solicitudes de adquisición.

Para celebrar el Año Sert Olvidado, el COAC ha promovido la construcción en la plaça Nova de la «Caseta Desmuntable», dirigida por el arquitecto Josep Llinàs, además de un recorrido por los principales edificios de Sert, y los de otros miembros del GATCPAC: Rodríguez Arias y Churruca. Hecho que ha venido a coincidir con una serie de exposiciones sobre utopías urbanas, desperdigadas en distintos lugares de la ciudad —Instituto Francés, Met-Room y Ras— promovidas por el FRAC (Fonds Régional d'Art Contemporain du Centre Orléans) que muestran unas obras de Emmerich, Chenéac, Häusermann, Friedman, Schein, Paul Virilio, arquitectos que durante la década de los sesenta también hicieron sus propuestas de transformación radical en la vivienda y en los sistemas de agrupación urbana, y que continuaron con aquellas premisas de los arquitectos del GATCPAC de trabajar sobre las necesidades reales de la gente, introduciendo conceptos como el anonimato, la fluidez, la levedad, la serialización, lo transportable, lo efímero y lo pobre. Arquitecturas nómadas que cambiasen de lugar, arquitecturas efímeras que desapareciesen una vez consumidas, o incluso suspendidas sobre otras ciudades. Corría mayo del 68 y había que hacer *tabula rasa* sobre el *modus vivendi,* y así Rottier proyectó aquella ciudad de cartón concebida para ser quemada después de su uso, y también se idearon ciudades aéreas como la Instant City de Peter Cook, que se desplazaba como un globo por los aires y permanecía colgante sobre otra ciudad como acontecimiento mediático.

Estas arquitecturas ausentes, arquitecturas que quedaron en proyectos, por razones políticas indeseables, la Guerra Civil y la dictadura en el caso del GATCPAC, o por razones del mercado, que no quiso experimentar con la utopía, o porque se planteaban como imposibles, como el caso de Medina Valcárcel que acaba de exponerse en la Fundació Tàpies, vienen a sumarse a un debate sobre la arquitectura sostenible que está presente en el colectivo de las nuevas generaciones de arquitectos, quienes, hartos del *star system*, tienen una voluntad de combatir, de abrir puertas, de solucionar la vivienda de la avalancha de inmigrantes que duermen en las calles de las capitales europeas y la de los ancianos y jóvenes que no pueden pagársela; en suma, de servir a las auténticas necesidades de nuestra precaria realidad.

190

LA PUERTA DE LOS PÁJAROS

La porta dels ocells marca una ruptura trascendental en la trayectoria de Gaudí, en el camino que conduce al barrio de Santa Lucía de Comillas. El 13 de diciembre del año 1900 se acuerda la construcción de esta portilla para coches en un pleno del Ayuntamiento, a petición de don Paulino Moro y Díaz de Quijano, sobrino de Máximo. El constructor será el sobrino de José Pardo, Julián Bardier Pardo, natural de Comillas, quien pronto trabajaría como ayudante de su tío en el parque Güell. José Pardo hizo el conjunto del Sobrellano y El Capricho y también trabajó para Gaudí en la Torre Güell de Pedralbes.

Este procedimiento tan simple, tan sintético, tan automático, a base de desechos de piedra que se destruyen y se recomponen como hicieran más tarde los pintores cubistas con los objetos cotidianos y que se había utilizado desde siempre en la construcción popular de muretes, Gaudí lo magnifica y lo manipula para darle una nueva utilidad llena de fantasía y de rigor.

191

Además de una puerta para coches y para peatones goza de un agujero en el muro, por eso la llamaría *La porta dels ocells*. Puerta de los pájaros: la inmediata asociación con el mundo mironiano es tan evidente que se podría confundir con una escultura del artista catalán. Desde el propio nombre hasta sus formas depuradas y desnudas. A partir de estas fechas, en las que el maestro ronda ya los cincuenta años, sus obras se llenan de cruces, aunque su lenguaje sigue siendo exuberante y a menudo delirante. La frase más espontánea y más oída hoy ante el encuentro con una obra de Gaudí es «¡Qué pasada!». Seduce y al tiempo repele, quizás sea porque se tomara demasiado en serio la premisa de William Blake.

Aquel proceso de dignificar materiales y procedimientos a través de la artesanía, unido al sentimiento de sinceridad, tan propio de los esteticistas ingleses, iba a dar lugar a una total confusión entre arquitectura y escultura. Ya no se trata de un naturalismo esteticista, sino expresionista. Estructura, construcción y forma se estrechan fuertemente en un movido abrazo.

Las superficies onduladas, las esquinas redondeadas, los volúmenes curvos de esta puerta serán un punto de referencia en la ruptura lingüística del arquitecto, quien se abre aquí a la modernidad. Ni una sola referencia a estilos históricos. Parece como si ahondase en las profundidades geológicas o marinas, en donde el desgaste del tiempo se pierde en la noche de ese tiempo. El dulzón latiguillo modernista se vuelve aquí sólido, pétreo y brutal.

El arquitecto ensaya con un simple trazo automático lo que artistas surrealistas explotarían décadas después. En el pueblo se cuenta que lo dibujó con su bastón en la arena de la playa. Es muy posible que lo hiciera así, aunque voces eruditas dicen que nunca estuvo allí; y no hacía falta que lo hiciera en la de Comillas, sino en las arenas de la Tarraconensis; pues eran momentos en que el descubrimiento de la propia tierra, de las riquezas naturales e históricas del país a través del excursionismo –un excursionismo de carácter enciclopédico y a la vez patriótico– se puso de moda entre la juventud modernista de Barcelona.

Gaudí realiza aquí una prefiguración que volverá a repetir con más empuje tiempo después en la Puerta Miralles (1901-1904) y en la del Chalet Graner (*c.* 1905). Aunque lo más evidente de esta obra quizás sea su señal de alerta ante un cambio de rumbo en la trayectoria gaudiniana que tendrá su punto culminante en La Pedrera (1902-1912) y en la Colonia y el parque Güell. Las superficies ondulantes que se deslizan como una *serp*, o se quiebran y se retuercen zigzagueantes en geometría reglada, serán una constante a partir de esta obra y conferirán a la arquitectura una tensión y una fuerza jamás expresada.

Asimismo, con esta última obra comillana se cierra el enclave que potencia al sitio no solo como preludio del Modernisme, sino que lo abre a la modernidad. El deseo de vivir en un mundo oscilante y hasta cierto punto intemporal viene expresado en las formas gaudinianas palmariamente. Gaudí se ensaya en *La porta dels ocells* con una fuerza hasta entonces desconocida, donde la línea y el volumen se contorsionan al unísono, despreciando la belleza del ornamento y desafiando la ley de la gravedad. No han pasado tantos años desde que se hiciera la Portalada del Seminario –proyectada por Martorell, construida por Cascante y ampliada por Domènech– con su remate de ladrillo escalonado, aplacado de cerámica y decoración escultórica volumétrica. Y sin embargo, se ha producido un cambio rotundo. Un esfuerzo de síntesis, un ejercicio de abstracción que se traduce en una soltura en el gesto del lápiz, una espontaneidad a la hora de proyectar que no se había utilizado nunca. Es simplemente el dejarse llevar por el impulso natural de la mano en un movimiento ascendente y descendente. Y abrir un agujero en la parte más ancha del muro. Se trata de una obra que remata el período pagano de Gaudí, el más distendido, el que expresa con brío e inmediatez la sacudida que experimentará el arte a la vuelta del siglo. La solidez del mundo natural se convulsionaba al igual que esta arquitectura que abre las puertas del siglo XX. En adelante y a medida que avance el nuevo siglo la tensión irá en aumento y se reflejará plásticamente en el sistema de cargas y descargas de la cripta de la Colonia Güell. Allí donde profundiza en el concepto de unidad, y proyecta impulsado por el movimiento automático del fluido natural de las cosas –en *La porta dels ocells* o Portalada de Moro– cuando consigue deshacerse del detritus historicista y lo transforma en detritus de piedra.

194

CAGADA, ROC[1]

Quizás sea esta la expresión genuina y vulgar de nuestro entorno que mejor se adapta para expresar el *disbarat a la cripta de la Colònia Güell*. Porque no se trata de una *cagada pastoret* propia de pisaverdes ingenuos y fatuos, o de una *cagada violí* que implica un trabajo fino e intencionado, fallido, aunque también participa de ambas, lo sucedido en la supuestamente finiquitada obra de Gaudí es un estropicio de los grandes que implica a instituciones de aquí, de allá y de más allá –Diputació de Barcelona, Patrimoni de la Generalitat y Ministerio de Cultura– y en gran medida también a las relaciones familiares, corporativistas, y de amistad mal entendida que han apoyado este proyecto. Con la viga en el ojo han hecho una serie de juicios que han obstaculizado una visión global y serena del problema.

Pues no se trataba de darle un nuevo uso, de uti-

1. *Avui*, 29 de enero de 2003.

lizarlo para otros fines, ya que el monumento ha sido objeto de visita desde siempre y lo que parece que se busca ahora es que sea objeto de explotación, lo cual es algo bien distinto. Y en esta trampa están los que no han abierto los ojos y no han percibido el aislamiento del entorno que ha provocado el ajardinamiento a lo japonés, o el pavimento que obliga a un recorrido único de acceso a la cripta, con escalón incorporado e iluminación de ojo de buey. Tampoco han visto cómo desaparecía aquel pino que surgía junto a la escalera y se confundía con los pilares del atrio. Intervenciones del todo innecesarias como la de convertir la escalera en un tobogán con trampa mortal incluida. Son una serie de errores tan flagrantes los que se han cometido allí, sin tener en cuenta que existen unos conceptos y unos materiales neutros que permiten consolidar la obra sin vulnerarla, que posibilitan actuar en los puntos conflictivos como la impermeabilización, eliminando «las horribles barracas» sin necesidad de añadir materiales pretenciosos y menos aún coronar la cripta con una barandilla de estilo art déco que es la cursilada máxima que se podía esperar. Bajo la excusa de no hacer uso de materiales miméticos a los utilizados por Gaudí y evitar confusiones con lo viejo y lo nuevo, lo que han hecho es utilizar a Gaudí, una vez más, para dejar su impronta.

Han entrado a saco, como un elefante en una cacharrería, y a la postre se han permitido la licencia de hacer chistes baratos como colocar un gato disecado o inscribir sentencias doctrinarias. Lo que no se entiende es que un profesional competente se invente

196

algo impunemente, y lo plantifique aludiendo excusas impresentables, interceptando y compitiendo sin pudor con la obra de Gaudí. Ya en su intervención anterior en la azotea del Palau Güell tuvo muchos detractores, cuando invitó a unos cuantos artistas, en un acto de falsa modernidad, a acabar las chimeneas que Gaudí había dejado de aplacar o el tiempo había hecho desaparecer el *trencadís*. El resultado será «muy bonito», pero uno ya no sabe dónde empieza ni dónde acaba Gaudí, a no ser por el chiste de colocar la silueta de Cobi en una de esas chimeneas. Se acabaron las fotos de la azotea, aquello ya no es Gaudí. Es un fraude, una broma pesada.

No podemos permitir que el Año Internacional Gaudí acabe con esta cagada. Y por ello, desde la Plataforma que día a día recibe adhesiones, se van a emprender una serie de actuaciones hasta poner orden y concierto a semejante pifia. No podemos permitir que el ejemplo vergonzoso de la Sagrada Familia siga teniendo eco, que el desaprecio hacia la obra de Gaudí cunda.

CHILLIDA: LA ESCULTURA COMO PRETEXTO[1]

No se sabe cuál ha sido la intención de esta exposición –no ha habido comisariado– pero en cualquier caso bienvenida sea la obra de Chillida por más que se hayan tenido que reforzar los suelos de la Fundación Miró para mostrarla. Sin duda era el sitio adecuado, no solo por la amistad que hubo entre Chillida y Miró, sino también con Sert, con quien además compartía un sentido de lo arquitectónico. No hay que olvidar que el «herrero de Hernani» estudió tres años en la Facultad de Arquitectura de Madrid, y de allí pasó de la geometría descriptiva a la geometría de los cuerpos celestes. Sus esculturas son como imanes suspendidos en el espacio, el «forjador de espacios» se le podría llamar. Se trata de acotar el vacío en ambas disciplinas, y en este sentido tanto Sert como Chillida logran formular un lenguaje muy propio, en don-

1. «Chillida, el forjador d'espais», *Avui*, 24 de enero de 2004.

de lo más simple y lo más primario prevalece con creces, logrando un diálogo y un orden trascendente entre las formas, creando un espacio en su fuerza y secreta vibración, a la vez cerrado y penetrable, en ese movimiento incesante de captura y abertura que hay en ambas obras. El arquitecto Sert y el escultor Chillida comparten un sentido de la simplicidad y refinamiento, de austeridad incluso, comparten el concepto de espacio vedado a lo superfluo, a lo ornamental, comparten un lenguaje de extrema concisión, con un alto sentido de la medida y el ritmo. Entrantes y salientes, curvaturas, torres, gradas, pasajes, recodos, realizados con la claridad de un libro de pedagogía formal. En los años setenta, luego de hacer el primer *Elogio a la arquitectura* (1968-1998), el escultor fue invitado a impartir clases en la Universidad de Harvard, en donde el arquitecto era entonces decano y allí entabló una devota amistad con el maestro.

Con Miró, en cambio, los separan muchas cosas, el oficio –el uno trabaja con las tierras y el fuego–, el concepto de la gravedad –sus esculturas son como sueños de hierro–, la visión de la realidad –irreductible a la geometría de los sistemas–. Chillida sigue el camino abierto por Brancusi y por González a principios de siglo. Sus inicios con fragmentos del cuerpo humano le llevan a concentrarse en las manos, y de allí surgirán los dieciséis bronces en pequeña escala que conforman el *Yunque de sueños* (1954-1966) donde el escultor se explica a partir del acto físico de manejar el hierro, habla del martillo y la forja, la mano que se abre al mundo, que recoge el aire que la envuel-

199

ve. No es «La mano abierta» para dar y recibir de Le Corbusier, sino la mano que atrapa, dedos que son garfios, relieves que son placas, cavidades y surcos que se dan a partir del propio material, del bronce que es tan rápido que «uno tiene la impresión de que desaparece», según sus propias palabras. Él juega a encajar y desencajar la realidad.

La serie de dibujos de manos (1965-1972) es un esclarecedor despliegue de las líneas que explican el volumen, del juego que se trae entre manos. El instante se congela.

A partir de 1950 este desaparece para volcarse en cuerpos abstractos. *El peine del viento* son unos garfios desafiantes que surgen de los peñascos increpando a la naturaleza.

COMILLAS Y LA MODERNIDAD[1]

Éramos muchos los que queríamos devolver al antiguo Seminario de Comillas su labor docente, eliminándole la caspa que pesaba sobre él desde hacía más de un siglo. Éramos unos cuantos los que queríamos dar un nuevo uso más acorde con la idea original de centro docente, de espacio de diálogo y no del silencio, mando y ordeno que había sido hasta ahora. Hubo quienes nos reunimos en el bar Metropol (regentado por la tristemente desaparecida Pilarín) de la plaza de la Constitución para especular sobre esa idea de devolver la laicidad al sitio, como también se hizo con la de cambiar los nombres del callejero con reminiscencias franquistas, como así fue.

Y ahora tocaba salvar de la especulación inmobiliaria las más de mil hectáreas de tierras, y presentar un proyecto con credibilidad que permitiera conservar el uso docente que siempre quiso que tuviera su fun-

1. *El País*, 29 de julio de 2005.

201

dador, el marqués de Comillas (Comillas, 1817-Barcelona, 1883) cuando decidió proyectarlo como una Escuela de Artes y Oficios, una vez acabados los fastos del verano de 1881 en los que se habían lucido los artistas y artesanos catalanes. Una reseña en el diario *La Renaixença* mencionaba la maravilla de aquel quiosco diseñado por Gaudí acompañada de un escrito en el que alertaba del estado de desatención a estos menesteres por parte del Estado.

Fue como un ensayo general de la Exposición Universal de 1888 en Barcelona lo que sucedió en Comillas esos días de estío. Allí se estrenó la nueva luz incandescente que acababa de inventar Edison y que los ingenieros catalanes Dalmau y Xifrá acababan de patentar. También apareció la flota de la Compañía Trasatlántica con su nuevo buque de casco de acero, el primero de pabellón español, y el poeta Verdaguer celebró misa y poema en homenaje a la inauguración de La Mística Capella en lo alto del barrio del Sobrellano. Se trataba de la capilla panteón que diseñara el arquitecto Joan Martorell –llamado el patriarca de los arquitectos modernistas– y amueblara el joven Gaudí.

Fue a raíz del buen hacer de aquellos artistas y artesanos cuando el mecenas comillano quiso construir un Centro de Artes y Oficios para que los jóvenes de por allí no se vieran obligados a emigrar como le sucedió a él. Pero pudo más la sumisión a los jesuitas de su hijo Claudio, y acabó siendo un centro religioso donde se formaría lo más granado de la católica España. Durante mucho tiempo, el Seminario de Comillas iba a tener una gran trascendencia en la instrucción de la élite religiosa del siglo pasado, tan determinante en la Guerra Civil. Obispos, arzobispos y cardenales célebres se formaron en ese centro, y hasta el último duque de Alba, Jesús Aguirre, estudió en aquella suerte de fortaleza que diseñara Joan Martorell y mejorara Domènech i Montaner años después. Allí se conservan las impresionantes puertas de bronce –las puertas de la Santidad y la puerta del Sant Jordi– que proyectó Domènech y que modelaría Eusebi Arnau, el escultor que mejor y más trabajara para los arquitectos modernistas. En el Seminario trabajó la piedra, modeló y repujó el bronce marcando el paso del naturalismo hacia el idealismo.

Todo llegaba de Barcelona, concretamente del taller que Domènech había instalado en el Café Restaurant del parque de la Ciudadela, una vez finalizada la Exposición Universal de 1888. En el taller, además de concretarse los principales postulados del Modernismo, se redactan, se discuten y se proyectan los principios teóricos de carácter nacionalista: las Bases de Manresa. Será un foco tanto en el campo de la política catalana como en el de la arquitectura. Y un preludio del papel político que desarrollarán los arquitectos en los movimientos vanguardistas del siglo XX. El taller se estrena, entonces, con las obras de reforma del Seminario.

Comillas vuelve a ser un campo de ensayo de la modernidad, años después de que Gaudí acabara El Capricho en aquel mismo lugar. El valor plástico que tiene esa casa irrumpe con una fuerza que apabulla:

se diría que anuncia aquella máxima de André Breton: ¡La Belleza será convulsa o no será! Se trata de una presencia embarazosa, ya sea debido a su excesiva arrogancia y extravagancia, a sus estridentes pulsiones, a su agitación desmesurada: por su abrumadora presencia, por su avasalladora insolencia, por ese pathos que revela una capacidad de transportar el espíritu a otras esferas más vibrantes.

Ha pasado más de un siglo y Comillas recobra su lugar en el mundo. Aquellas especulaciones del Metropol van tomando vuelo, y, aunque se están aún definiendo contenidos, todo está en marcha para que el abandonado Seminario jesuítico de Comillas sea un Centro de Estudios internacional que bien podría dar cabida a todas las lenguas hispanas, una universidad de todas las lenguas de la España plural, un centro de conocimiento de la cultura hispana... Finalmente se ha entendido que las lenguas son una fuente de riqueza.

Aunque el Metropol cerró, la buena nueva llegó en forma de partida en los Presupuestos del Estado y del nombramiento de un director, Juan Gimeno. Pronto se convocará un concurso internacional de arquitectura para proyectar el programa, el nuevo uso como centro de conocimiento, como nuevo espacio de diálogo, y así reciclar lo que su actual propietario, Caja Cantabria, no quiso o no pudo asumir. Y que ello suponga un reto constructivo a la altura de su tradición, potenciando las nuevas técnicas de restauración y preservando el paisaje. *E la nave va!*

EL MUSEO MEDITERRÁNEO DE SERT[1]

Josep Lluís Sert (1902-1983) ideó un museo mediterráneo donde las artes y la naturaleza juegan en perfecta complicidad con su arquitectura. Dentro y aun fuera, en la transparencia y en la ruptura, siempre a modo de *promenade architecturale* continua y en torno al patio. La síntesis entre arquitectura, escultura, pintura y urbanismo aparece con una naturalidad e intención nunca vista, ni aun soñada.

La Fundación Maeght en Saint-Paul-de-Vence (1964), que fuera su primer museo, ha decidido ya su ampliación. Esta obra maestra de la arquitectura moderna mantiene aún toda su belleza, una talla humana y un profundo aire mediterráneo (blanco, tierra, patios y bancales) por sus ritmos y entorno, un lugar que es a la vez único y atemporal.

El proyecto escogido busca romper con el lenguaje

1. *La Vanguardia*, «Cultura», 4 de febrero de 2023. Escrito en colaboración con Paco Sert.

sertiano de espacios proporcionados y fluidos, de entradas y salidas en un recorrido sin fin alrededor de patios y bancales, en aras de una falsa modernidad simplista, que apuesta todo al espectáculo obvio e inmediato que ofrece el paisaje mediante unos enormes ventanales. Y para ello debe excavar y derruir el patio y el estanque de la *Cour Giacometti*, que Sert y el artista idearon conjuntamente como paisaje infinito de sus figuras alargadas.

Cuando el galerista de Miró, Aimé Maeght, visita el taller de Miró en Mallorca, instigado por Fernand Léger, decide confiar a Sert su gran proyecto: la construcción de la primera fundación privada reconocida de utilidad pública dedicada a las artes visuales en Europa. Un lugar en el que Aimé y Marguerite Maeght podrían presentar el arte moderno y contemporáneo en todas sus formas, donde acoger y exponer a sus amigos artistas.

Si Aimé Maeght, mejor que nadie, sabía crear confianza y amistad entre él y los artistas, Josep Lluís Sert era uno de los pocos arquitectos, si no el único, capaz de establecer relaciones estrechas con los pintores y escultores. Tal vez porque se reconocía como uno de ellos. «Estoy entusiasmado con las posibilidades del proyecto [...]. Va a ser como ningún otro museo construido hasta la fecha», escribió Sert a Aimé Maeght el 1 de abril de 1959.

Asimismo, André Malraux en el día de la inauguración dijo: «Lo que intentamos hacer aquí es algo que jamás se ha intentado: crear un universo dentro del cual el arte moderno pueda encontrar tanto un si-

206

tio físico como un espacio que vaya más allá y que ya se ha denominado "sobrenatural" [...] No es un palacio, ni tampoco un lugar decorativo, ni tan siquiera un museo. Es algo para la historia del espíritu».

Es una obra en la que Sert pone un gran entusiasmo: retoma aquellos sueños del Café de Flore en París, cuando los artistas se planteaban la forma del museo moderno. Y esta vez frente a su mar venerado, con unas vistas espléndidas y un monte bajo, de pinos achatados, mediterráneos. Podrá jugar con variedad de registros, valiéndose tanto de materiales locales como del hormigón encofrado *in situ,* integrándose en el entorno, sin apenas llamar la atención, tan solo en los parasoles que coronan el conjunto, como anunciando al Toro, guardián del Laberinto: un brillante remate que viene a reforzar el recurso al mito que acababa de interpretar en persona en una pieza teatral filmada por Hans Richter en su casa de Long Island y estrenada en Nueva York. El laberinto cual síntesis de arte y urbanismo.

Allí aparece, medio escondido entre las colinas y los pinos de la Costa Azul, con sus torres, terrazas, balcones, patios, fuentes y estanques, que juegan a diferentes niveles, creando espacios sincopados al tiempo que unidos y rodeados de un mágico jardín, poblado de esculturas de Joan Miró revestidas de cerámica por Llorens Artigas: el laberinto en el que hasta el propio Miró se perdía, y en el que ambos artistas habían compartido la referencia al parque Güell de Gaudí a la hora de proyectarlo. ¿Acaso la entrada del laberinto no nos recuerda *La porta dels ocells* (Comillas, 1900) de Gaudí?

Pero hay en Sert una arquitectura de carácter simbiótico con intención de integrarse en las formas de la naturaleza y en las de sus amigos artistas. Una arquitectura con un ojo puesto en lo vernáculo y austero, de formas y materiales simples, donde sus texturas y sus propiedades visuales son los únicos ornamentos. Una arquitectura vinculada a las obras de arte, para conciliar ambos mundos y asimismo fundirlos en el paisaje. Y donde a medida que crecían los muros se iban creando las obras, tal y como sucedió en París con el Pabellón de la República en 1937.

La Fundación Miró en Barcelona (1975), su otro museo mediterráneo, sobresale por su sencillez elemental y su riqueza plástica. Se sirve de la experiencia de la Fundación Maeght, sobre todo en la iluminación cenital, pero aquí la forma es más monástica, huye del detalle y de la convivencia y riqueza de materiales para darle una unidad de conjunto.

La circulación fue siempre en Sert un generador de la forma, aunque no el único. El patio se duplica, la rampa del Pabellón de la República vuelve a aparecer en la sala de la escultura, como una larga balconada para abrazar las obras; y el paseo por el tejado, como hicieron sus maestros Gaudí y Le Corbusier, vuelve a surgir en plenitud, y con las vistas enmarcadas por los lucernarios abovedados que cabalgan sobre la azotea.

A lo largo de toda su carrera, Sert sostuvo que, para él, el arte y la arquitectura tenían que ir de la mano, y defendió el enfoque artístico de esta. Aprendió mucho de la observación y de la convivencia con el arte, cómo el tamaño de una obra modula la aprehensión del espectador, o cómo el color incide en la percepción espacial, sobre las texturas como ornamentos de los muros, lo básico como decía él, que actúa sobre el vacío del entorno.

Una arquitectura racional y funcional. Una arquitectura muy propia, con voluntad de integración en el entorno. Una arquitectura doméstica, donde las proporciones áureas del *Modulor*, escala basada en el cuerpo humano, le confieren un sentido de la armonía y del equilibrio. Una arquitectura abierta, capaz de crecer como los *casaments* ibicencos.

Pero en ese crecer, las sucesivas ampliaciones de espíritu continuista han alterado y sesgado el sentido original del edificio. Los materiales y texturas se pervierten, las proporciones y los ritmos de las nuevas fachadas se confunden, la iluminación natural se oscurece y todo pierde gran parte de su espíritu de pureza. El recorrido circular se ve interrumpido, forzado y finito su paso, el patio deja de ser el elemento clave que da sentido al viaje. Y el banco corrido se ha desvirtuado.

Ahora en la Fundación Maeght, desde el polo opuesto, desde la ruptura formal y de concepto, solo queda esperar la mutilación y que nadie se dé cuenta, en el recuerdo de lo que fue y ya no será.

LA SAGRADA FAMILIA ES UN BODRIO[1]

Soy testigo de una reflexión crítica compartida por muchos que rechaza la defensa por parte de un reducto fundamentalista de aquellos que «solo se guían por la ley de Dios» y que se han apropiado de la continuación de la Sagrada Familia. «La Sagrada Mentira» (así la he denominado siempre) vulnera los derechos de autor, los derechos de los vecinos y del entorno, además de ser un ejemplo nefasto para las intervenciones y restauraciones en las otras obras de Gaudí, como en la cripta de la Colonia Güell, la mejor obra del arquitecto, que ha sido ultrajada sin remedio.

El espíritu de globalidad que sostiene el corpus gaudiniano –la conjunción entre estructura, construcción y forma, el anhelo de unir todas las artes– se da muy raramente en la historia.

Parece impensable que en la tan civilizada Barce-

1. *El Periódico*, enero de 2026.

210

lona se haya repetido un disparate como la continuación de la Sagrada Familia, sin un proyecto arquitectónico mínimamente digno y coherente. A la «catedral dels pobres», como la denominó el pintor Joaquín Mir, la han convertido en Gaudilandia.

El método de trabajo y la continua búsqueda y creatividad de Gaudí desautorizan el empleado por los actuales directores del proyecto. Están engañando a la gente: les sacan dinero y la explotan turísticamente. Los vecinos están hartos de tanto ruido y tanto polvo. Estrambóticas resultan estas personas que se han hecho cargo de la Sagrada Mentira.

¡La realidad es otra!

No nos merecemos el bodrio de la Sagrada Familia.

La continuación de las obras de la Sagrada Familia ha sido un tema recurrente y reiteradamente debatido. Sin un proyecto de acabamiento definido, con un planteamiento estructural totalmente contrario al establecido por Gaudí y sin ningún respeto hacia su obra, la continuación ha dado lugar, a lo largo de estos años, a un continuo agravio. Hoy no se sabe, ni se hace saber, dónde comienza y dónde acaba la obra del autor. Sobresale la mediocridad de un grupo de promotores y técnicos que, promocionados por la Iglesia ultracatólica, en el mejor de los casos, cargados de buena fe, pero sumergidos en un paternalismo anacrónico, utilizan una vez más a Gaudí para dejar su impronta en detrimento de una obra magníficamente inacabada.

Ha pasado mucho tiempo desde que el franquismo pusiera en marcha esta maquinaria perversa. Por lo tanto denunciamos –porque no soy solo yo, sino muchos– que no se hayan cumplido las mínimas leyes democráticas; el gasto que supone construir un templo de tal magnitud, hoy tan alejado del pensamiento contemporáneo, especialmente cuando hay prioridades más urgentes en nuestra ciudad; y que una institución religiosa y privada pretenda expropiar la vía pública y una manzana del Eixample con la excusa de continuar explotando intereses que no corresponden a los de una nación laica y que atentan contra la ciudadanía. Lo que están haciendo es insostenible, innecesario e inmoral.

El resultado es una serie de errores que han asentado una triste tradición: un precedente que ha marcado la falta de rigor en la remodelación o restauración de la mayoría de los edificios de Gaudí. ¡Dejemos a Gaudí en paz!

Una polémica permanente ha acompañado esta obra desmedida, proyectada en un periodo de excesiva exaltación religiosa de su autor. Fueron voces locales las primeras en alertar de aquella ignominia, en momentos poco favorables para expresarse libremente. Más tarde se sumaron voces internacionales y grandes figuras de la modernidad, como Le Corbusier, Tàpies, Aalto, Sert, Gropius o Pevsner, quienes pidieron, a través de un manifiesto promovido por el Grupo R en la revista *Destino*, parar lo que consideraban una afrenta a la cultura arquitectónica. A pesar de la relevancia de los firmantes, las obras continuaron, haciendo del esfuerzo mismo el argumento para seguir edificando. Hubo varios episodios de la ciudadanía rebelándose contra la continuación de las obras. Circuló por la red un manifiesto firmado por representantes de instituciones culturales de todo el país pidiendo que se dejara a Gaudí en paz. También se denunció la continuación de las obras por vulnerar principios democráticos y por su coste inapropiado para una sociedad del conocimiento. Muchos nos manifestamos con velas alrededor del templo y desde una plataforma lanzábamos proclamas. Recuerdo también un dibujo del arquitecto Enric Miralles que representaba una estación del AVE atravesando el templo.

La obra de Gaudí no se ha entendido. De lo contrario, se habría actuado con más sensibilidad para no transformar una arquitectura llena de conocimiento profundo en un artilugio kitsch destinado al turismo y a hacer caja. Dejar la obra inconclusa habría significado respetar su condición como creación del siglo XX, donde la idea de ruina ocupa un lugar fundamental. ¡Imaginen acabar el Coliseo de Roma, los anfiteatros de Sicilia u otras ruinas primordiales más próximas! El reciente episodio de insensibilidad, prepotencia y secretismo –no se sabe quién trabaja en esta reconstrucción– que rodea la continuación del templo muestra una vez más las malas artes de los que la gestionan.

La Sagrada Familia es el precedente de intervenciones cuestionables en otras obras de Gaudí. Su continuación es innecesaria, fútil y perversa: una obra para el turismo y para conseguir dinero. Es una solemne equivocación desde el punto de vista estético y estructural: esas columnas sobrecargadas de cemento se craquelarán en cuanto el óxido comience a carbonatar las armaduras. Además, ¿quién puede querer otro templo cuando la cripta es suficiente para los feligreses del barrio?

El método de Gaudí desautoriza el empleado por los directores actuales, quienes han escogido una fase de su proceso que él superó y abandonó. Sin una gran creatividad, pretender continuar la Sagrada Familia lleva a errores inconmensurables. El planteamiento estructural es contrario al ideado por el maestro y no se respeta la obra ya construida.

De un tiempo a esta parte, parece que los poderes fácticos han decidido convertir a Gaudí en una marca y explotar sus obras sin filtros ni métodos que impidan vulnerar su legado. A medida que su obra adquiere relevancia, las intervenciones o depredaciones exigen decisiones valientes que pongan fin a esta continua distorsión de sus derechos de autor.

En el templo no dejan entrar a Mark Burry, comisario del Año Gaudí después de treinta años de colaboración. Tampoco a Bonet, hijo del ayudante de Gaudí. Ni a Sotoo, el japonés que acabó las esculturas de la fachada y al que incluso han querido hacer firmar documentos impresentables.

También está la pifia de la *Stella Matutina* (Estrella de la Mañana). Según el experto en estos temas, Ramon Baiget, es una advocación mariana asociada a la primera luz del amanecer; pero la estrella matutina no brilla de noche. La única luz proyectada por Gaudí es la cruz de Cristo, que no puede ser eclipsada ni competir con ella. Es especialmente grave que se haya hecho la torre de la Virgen más alta que la de los apóstoles. Además de cometer una blasfemia, elevar y ampliar su base destruye parte de la futura capilla de la Asunción. Ni siquiera han tenido en cuenta la tricromía de los vitrales que utilizaba Gaudí. A esto se suman las turbias maniobras alrededor del proceso de beatificación de Gaudí y la visita del nuevo papa por parte del arzobispo Martínez Sistach y, sobre todo, del cardenal Omella.

Todo es un despropósito, una ceremonia de la confusión. Desgraciadamente, estamos atrapados en una crisis sistémica. Aunque siempre queda el remedio de dinamitar lo añadido y dejar la fachada de Gaudí incólume.

Esta anécdota de Gaudí (sobre su detención el 11 de septiembre de 1924) dice bastante de su carácter:

Vaig estar detingut quatre hores. Dues tancat en un calabós amb reixes. Pagant deu duros, vaig poder sortir. D'aquesta gent només se'n pot esperar coses així. Tot ho fan anar a la violència: van a la liquidació del país. Em van detenir arbitràriament i amb violència. Em van insultar: em van dir dues vegades «Vaya ud. a la mierda» i «sinvergüenza» diverses vegades. Em preguntaren si no sabia parlar castellà i els vaig dir que sí, però que no em donava la gana de parlar-hi. I no hi vaig voler parlar perquè tota aquesta agressivitat es fa contra Catalunya, i una de les coses que més caracteritza i més estima Catalunya és la llengua, que és la meva, i jo no vaig voler deixar-la en aquells moments de persecució, perquè l'odi d'ells era perquè jo els parlava en català.

ENTREVISTA A EUSEBIO GÜELL I JOVER[1]

MARÍA DEL MAR ARNÚS. Te llamas Eusebio, como tu abuelo, el primer conde de Güell, protector y mecenas de Gaudí. ¿Qué recuerdos tienes del gran arquitecto?

EUSEBIO GÜELL. Sí, somos ya cinco Eusebios en la familia: mi abuelo, mi padre, mi hijo primogénito y su hijo, mi nieto. Mis recuerdos de Gaudí son bastante nebulosos, debido a mi corta edad. Yo entonces vivía con mi abuelo, en el parque Güell, y recuerdo a Gaudí paseando por San José de la Montaña. Tú sabes cuál era el origen del parque: una urbanización para veintitantos chalets, con servicios colectivos, etc., mejorando las que estaban de moda entonces en Inglaterra. Imagínate que la idea de Gaudí respecto a la entrada del Parque era una puerta hecha de ciervos disecados que se abría mediante un mecanismo

1. *El País*, 21 de marzo de 2002.

muy sofisticado. Todo el plan fracasó, pues era adelantarse a la Barcelona de la época; y solo se hicieron dos casas: la casita blanca de los Trias, y la casa rosa que compró Gaudí, porque su padre no podía respirar bien en la ciudad. Allí vivían también, junto a una sobrina. Fue cuando esta murió cuando Gaudí se trasladó a vivir a la Sagrada Familia, para no ir y venir cada día, pues él solía ir a pie diariamente al templo. Se instaló un catre en el taller, y allí vivía como un asceta, completamente dedicado a la construcción de la Sagrada Familia. Yo le recuerdo a la salida de misa de la iglesia de San Juan, nuestra parroquia, comiendo una manzana por la calle. Comulgaba cada día. Era un ser muy religioso, un místico.

M. M. A. Pero no siempre lo fue. Existen testimonios fieles del anticlericalismo de un Gaudí joven, por otro lado nada extraño, teniendo en cuenta las estrechas conexiones entre los movimientos ácratas y los ideólogos del Modernisme, según se reflejan en el semanario *L'Avenç*, portavoz de los modernistas.

E. G. Se ha fantaseado mucho sobre el ateísmo de Gaudí. Tampoco fue un dandi, como dicen algunos, aunque sí le gustaba ir al Liceo, al teatro, a conciertos. Desde luego hubo un cambio radical, yo creo que a raíz de los encargos eclesiásticos. Él entonces establece un contacto constante con el clero. Se informa de una manera extraordinaria de todo el rito romano. En fin, pasa a ser un técnico. Su amistad con el obispo de Vic, con el obispo de Astorga, etc. Él evoluciona, se deja impresionar por todo lo que representa la Iglesia, en el sentido más católico, más universal del tema. También funda el Cercle de Sant Lluc, junto con los hermanos Llimona y Claudio López, segundo marqués de Comillas. Tú sabes que Sant Lluc fue una escisión del Círculo Artístico, por considerar a este demasiado liberal. Estimaban que el grupo de Rusiñol y Casas iba demasiado lejos en las bromas, que bebían mucho en las comidas y no eran serios.

M. M. A. Tu abuelo Eusebio tenía una gran personalidad, era muy inteligente, según dicen, y tenía un sentido progresista inusitado para su época y su clase social. También era algo artista. Recuerdo unas pinturas suyas, hechas con gran sensibilidad, en su casa de Comillas. ¿Qué tipo de relación tenías con Gaudí?

E. G. Yo viví mi primera infancia con mi abuelo. Era un ser muy afable y bondadoso. Además era muy liberal. Le llamaban el Pacificador de las Ramblas. Saludaba siempre a los tenderos, les preguntaba por sus vidas. Era un elemento muy popular. Cuando murió, el Ayuntamiento de Barcelona le rindió honores de alcalde, aunque solo había sido concejal. Él murió en el parque Güell pero enseguida lo trasladaron a Conde de Asalto. Mi abuelo siempre creyó en el talento de Gaudí. Se conocieron cuando todavía no había acabado la carrera, y más tarde diseñó los reclinatorios de los reyes y los bancos del panteón de Comillas, para su suegro, Antonio López, y para el cuñado de este, la villa El Capricho, antes de encargarle la casa de Conde de Asalto. Además le financió una exposición en París, que no tuvo ningún éxito. Pero Gaudí estaba muy convencido de su obra. Los artistas suelen ser bastante pretenciosos, de manera que yo supongo que él tenía un carácter bastante despótico; estaba muy seguro de su personalidad. No le gustaba nada que le ocultasen las cosas, que se le opusieran. Se molestaba enseguida. No le gustaba nada de nadie.

M. M. A. La casa de Conde de Asalto, o sea, el Palau Güell, tuvo un impacto importante en aquella Barcelona, próxima a convertirse en una gran ciudad europea, y no era precisamente el tipo de casa que la gente esperaba ver. ¿Tu abuelo intervino mucho en el proyecto?

E. G. Mi abuelo tenía dos casas en las Ramblas, los números 28 y 30. Era una familia numerosa, pues tenían diez hijos. Compró entonces un solar en la parte de atrás de su casa que daba a Conde de Asalto. La idea era hacer una prolongación de la casa. Se comunicaban por un pasillo que aún existe. Mi abuelo intervino mucho en la obra. Se llegaron a hacer veinte o veintidós proyectos. Los materiales eran todos muy nobles. Los mármoles, de Garraf. Tenía que estar acabado para el 88, que era el año de la Exposición Universal y la visita de la reina. En algunas chimeneas de la casa, incluso en las de la azotea, está inscrita la fecha de 1888. Pero tampoco la obra gustó a nadie, ni a su mujer, ni a sus hijos. Solo a Gaudí y a mi abuelo. La consideraban un disparate. Incluso en los periódicos satíricos se burlaban.

M. M. A. Me contaba la viuda de Batlló, no hace mucho, que cuando su familia vio el comedor que Gaudí les había diseñado, en la casa del paseo de Gràcia, se quedaron todos horrorizados. No le gustó a ninguno. Gaudí, además, tenía fama de ser un arquitecto caro. Incluso se exageraba diciendo que arruinaba a sus clientes.

E. G. Bueno, era un hombre muy dubitativo. Lo estudiaba todo muy a fondo y a veces hacía tirar lo que no le gustaba o no había salido como él esperaba. Experimentaba mucho sobre la obra. Su especialidad era saber rodearse de buenos artesanos y buenos arquitectos, como Jujol. Tenía muy buenos colaboradores. Siempre buscaba lo contrario de la cosa simétrica. Eran trozos de cosas. Y también utilizaba materiales de desecho, en el Parque y en la Colonia Güell. Una cosa muy interesante de la Colonia Güell es que se ponen en práctica muchos de los experimentos que luego desarrollaría en la Sagrada Familia. Tú sabes que la cripta tenía que ser un templo, pero vino la guerra de 1914 y mi abuelo se asustó, porque para las necesidades de allí ya era suficiente.

M. M. A. ¿Cómo surgió la sociedad Amigos de Gaudí? Según me han dicho, en Japón la llaman «enemigos de Gaudí», porque está muy abandonada la casa museo y mal tenida, y no se hace gran cosa por divulgar su figura.

E. G. Bueno, se fundó ya hace mucho tiempo, con muy pocos medios. Entonces, todo era miseria. No había presupuesto ni para restaurar la verja de los pabellones. Era una lucha para cada cosa. Y Gaudí no era una gloria reconocida. Sin embargo, Japón siempre ha demostrado un interés por la obra de Gaudí. Ha habido desde hace muchos años artesanos japoneses trabajando en el taller de la Sagrada Familia, como dibujantes o haciendo maquetas.

M. M. A. Tu abuelo vivió uno de los momentos más interesantes de la historia de Catalunya, y el despertar de la conciencia e identidad de todo un pueblo; quizás como consecuencia de la bonanza económica producida por el desarrollo industrial, fundamentado mayormente en su industria textil. ¿Cuáles fueron sus relaciones con ese período histórico?

E. G. El primer conde de Güell era hijo de Juan Güell y Ferrer, economista y propulsor de las ideas proteccionistas a fin de defender y proteger la incipiente industria catalana. Fue un ferviente catalanista, siguiendo las directrices de su padre. Sin embargo, al igual que otros prohombres de la Renaixença, consideró excesivos los planteamientos de Almirall y lo abandonó para fundar la Lliga de Catalunya, de cariz más moderado. Fue un gran industrial, amplió la fábrica que había fundado su padre, El Vapor Vell, convirtiéndola en una de las más importantes de Catalunya: la Colonia Güell. Fundó también unas industrias cementeras, que serían luego las primeras del país. Se casó con Isabel López, hija del marqués de Comillas, el financiero más importante de la época, e intervino a la muerte de su suegro en todos los negocios de su cuñado, ayudándole con acertados consejos.

ENTREVISTA A FEDERICO CORREA[1]

El arquitecto Federico Correa (Barcelona, 1924-2018) acaba de cumplir noventa y dos años. Desea opinar sobre determinados aspectos de la ciudad que le preocupan, que considera un error o cuestiona, con la autoridad que le confiere su profesión y sus años.

Catedrático de la Escuela de Arquitectura, catedrático emérito de la Universitat Ramon Llull y medalla de oro del Ayuntamiento de Barcelona al Mérito Artístico, vuelve a su tarea de dibujante, y su figura elegante y deliberadamente estudiada contrasta con el paisanaje turístico que hoy invade Barcelona. Él pasea como siempre trajeado con telas magníficas y corte a la antigua pero con detalles modernos, una combinación de gentleman inglés y *galantuomo* italiano. «Sufro el turismo, cada vez hay menos tiendas que me sirvan. ¡No entiendo que haya tantas tiendas de ropa con lo mal que se viste la gente!», reflexiona.

1. *La Vanguardia*, 28 de mayo de 2016.

223

Nos citamos y damos un repaso a algunos de los temas candentes: la pérdida de identidad urbana, el cambio del callejero, la reforma del Liceu. «Son noventa y dos años de mirar mucho y siempre me ha gustado andar por Barcelona, todavía hoy, entre la necesidad y el esfuerzo, y a pesar de mis años, con mi vista reducida y mi dificultad en los movimientos, ando un kilómetro al día», asegura.

MARÍA DEL MAR ARNÚS. ¿Cómo son esos paseos?

FEDERICO CORREA. Van variando, llevado por la curiosidad. Pienso cómo son esas fachadas, cómo hubieran podido ser, cómo fueron, incluso varío el trayecto con más detenimiento, porque la gente se fija en las plantas bajas, en las tiendas, pero raramente mira hacia arriba, quizás porque se han hecho verdaderas barbaridades a base de ir añadiendo pisos, amparados en las normas de los ayuntamientos sucesivos.

M. M. A. Sobre todo en la era de Porcioles.

F. C. Me indigna ver esos cambios sobre las fachadas, construidos sin ningún miramiento, más bien con desprecio hacia la arquitectura existente. Incluso soy partidario del pastiche muchas veces. Me parece justificable, sobre fachadas respetables, añadir un elemento que no sea necesario pero contribuya a hacer un conjunto con el edificio existente. Por ejemplo, la reforma de Bonet Garí, un arquitecto mediocre, en la fachada de la rambla Catalunya con Gran Vía, chaflán montaña, resulta muy noble, a pesar de que está carga-

224

da de pastiches. Pero se reconoce la fachada originaria. Aunque hay un ejemplo que admiro: la casa Pich i Pon, de Sagnier. Se añadió un piso y fue una mejora considerable. Mis paseos por Barcelona me han provocado una visión historicista de la arquitectura. Y lamento la pérdida de tiendas emblemáticas que daban carácter a la ciudad.

M. M. A. Su maestro fue José Antonio Coderch.

F. C. Fue quien me abrió a la arquitectura moderna, ya que en la Escuela de Arquitectura la modernidad se negaba. Nos enseñó a mi socio Alfonso Milà y a mí una nueva manera de enfocar la arquitectura, más humanista, no tan intelectualizada, como sucedía en el Grupo R al que Coderch menospreciaba. A mis alumnos yo les recomendaba leer a Proust tanto como a Gropius.

M. M. A. Ha dibujado mucha arquitectura, desde que el profesor Ràfols le hizo dibujar La Pedrera hasta sus dibujos últimos, con el protagonismo de las fachadas.

F. C. Ahora estoy dibujando la fachada de La Pedrera y me detengo a pensar en el impacto que debió tener esta obra genial en aquella ciudad tan pacata, que se apresuró a catalogarla de mal gusto. El Modernismo estuvo muy mal visto durante mucho tiempo, era de nuevos ricos al amparo del colonialismo. Ahora, la alcaldesa Ada Colau quiere acabar con las huellas del esclavismo y la cabeza de turco es la estatua de Antonio López, cuando él no fue traficante de esclavos. Es una exageración absurda tildarle de negrero.

M. M. A. Su abuelo trabajó para el marqués de Comillas.

F. C. Sí, mi hermano estudió mucho este tema minuciosamente en las hemerotecas e incluso fue a Santiago de Cuba y La Habana. Me decía que no era cierto que fuese esclavista. Marianao y Yarallago sí fueron traficantes notorios. López trabajaba como dependiente en una tienda de moda europea de gran éxito y se casó con la hija del dueño, Luisa Bru. Y fue una de las primeras personas que utilizó el crédito como herramienta para crear empresas y hacer fortuna, se arriesgaba mucho. El mecenas de Verdaguer, al que dedicó *L'Atlàntida*. ¡Y todo el arte que desplegó en Comillas! Veo aquí una gran carga de envidia.

M. M. A. También se quiere eliminar a los Borbones del nomenclátor.

F. C. La vuelta atrás en la historia, cuando un país ha sufrido un régimen rígido, abusador, como en España durante cuarenta años, tiene su sentido. Pero la vuelta atrás por las buenas es una barbaridad: la monarquía constitucional reina en los países que más admiro: los escandinavos, Holanda, Bélgica, Inglaterra. Son los que tienen las leyes más avanzadas.

M. M. A. En Europa la monarquía funciona mejor que la república.

F. C. Y si el rey está mal, tiene salida, se cambia y se pasa al siguiente. Se sabe que cuesta menos que una república. Además, esa idea de que todos tengamos que votar para todo lo que se elija me parece absurda.

M. M. A. El tema del teatro de ópera lo ha estudiado mucho.

F. C. Sí. Participé en un concurso para construir la Ópera de Sevilla, y me fascinó el funcionamiento tan complejo: había que compaginar la música, el sonido, con la escena, las visuales. Fue interesante ver cómo se habían llevado a cabo las reconstrucciones tras la guerra en Berlín, Budapest, Viena, Londres y después Barcelona.

M. M. A. Criticó el mal gusto de la reconstrucción.

F. C. Sí, sobre todo la supresión de los palcos de proscenio con sus «bañeras», sitios especiales donde se podía ver todo el movimiento de cambio de escena que sucedía tras la caída del telón durante los entreactos, además de ser una distinción para los invitados de categoría. El Liceu tiene una fachada con una doble composición relativamente modesta que yo defiendo y que es la que se pretende modificar ahora, y la otra, que es la teatral, que también quieren restaurar e iluminar.

M. M. A. No se sabe cuál es el proyecto de iluminación.

F. C. Pero me opongo rotundamente a introducir en las fachadas elementos que no son propios de la arquitectura. Lo que se quería hacer es completamente ridículo y va en contra de una arquitectura de relleno muy digna, anónima, discreta, la que yo defiendo. ¿Qué necesidad hay de modificarla? Me cuesta entender que se pueda proponer semejante disparate.

ENTREVISTA A BETH GALÍ[1]

La arquitecta barcelonesa Beth Galí, premio Nacional de Urbanismo de Holanda, país en el que trabaja regularmente, afirma que «la aparición de los arquitectos estrella favorece la manipulación y la especulación». Galí compagina su labor en el extranjero, en Holanda o Alemania, donde proyecta unas cubiertas de autopista para Hannover junto a Enric Miralles, con otras obras en España.

MARÍA DEL MAR ARNÚS. La arquitectura está cada vez más mediatizada. ¿Cómo reacciona el arquitecto ante esta presión de los grandes grupos inversores, sean privados o públicos?
BETH GALÍ. Últimamente se está produciendo un fenómeno nuevo a raíz de la aparición del *star system* en arquitectura: los grupos inmobiliarios se han aliado a las figuras de dicho *star system* para

1. *La Vanguardia*, 24 de febrero de 1999.

228

presionar a los gobiernos y administraciones públicas y así conseguir grandes operaciones inmobiliarias, casi siempre con un trasfondo especulativo. En los países más avanzados, al haber una formación arquitectónica más generalizada, los grandes inversores utilizan a los arquitectos estrella para conseguir adjudicaciones de grandes obras. A menudo ocurre que arquitectos integrantes del *star system* se dejan manipular y el encargo se hace a la medida del inversor.

M. M. A. ¿Cómo detectó este fenómeno?

B. G. Yo estoy ahora en un *quality team* en Róterdam (un consejo asesor formado por arquitectos europeos y políticos de la ciudad) y veo muy de cerca este problema. Tengo un contrato hasta 2004, y nos reunimos cuatro o cinco veces al año para llevar un control más próximo de lo que tiene que ser el desarrollo de Kop van Zuid, el crecimiento del sur de Róterdam. Los grandes inversores «venden la moto» a los políticos a base de presentar proyectos hechos por los grandes despachos internacionales, a menudo de calidad cuestionable. En países como Holanda, donde la democracia está tan arraigada, no existe una normativa urbanística *a priori*. Las ciudades crecen a base de proyectos urbanísticos que se someten a la aprobación de estos consejos. Tienen muy asumido que la ciudad evoluciona con más rapidez que las leyes. Y para evitar desmanes han creado estos consejos donde todo se somete a discusión. Es una forma de control muy sabia.

M. M. A. ¿Cómo ha de crecer la ciudad? ¿A base de grandes operaciones singulares, es decir, de grandes gestos, o como la Barcelona de Cerdà, con un criterio más neutro y unitario?

B. G. Yo creo que la ciudad necesita una cierta neutralidad. Bien construida, con un nivel medio arquitectónico bueno, con un soporte urbanístico fuerte, pero en cierta manera anónima. Eso no quiere decir que la ciudad no acabe absorbiendo grandes gestos, pero no puede ser una suma de gestos. Acabaría resultando una especie de Disneylandia. Algo así está ocurriendo ahora en Berlín, donde los mejores arquitectos del mundo están trabajando. En Potsdamer Platz, operan Renzo Piano, Arata Isozaki, Richard Rogers, etcétera. Construyen unos edificios teóricamente de «buena arquitectura», pero ponerlos uno al lado del otro resulta excesivo, narcisista. No alcanzan a reconstruir la ciudad.

M. M. A. Otra forma de mediatización de la arquitectura es la presión del movimiento ecologista, que cada vez tiene más fuerza. ¿Cómo enfoca usted este tema?

B. G. Es inevitable que el mundo adquiera esta conciencia de deterioro paulatino del medio ambiente, pero no se puede ir contra el progreso. A menudo este tema se manipula, como ha llegado a ocurrir en Alemania, donde los ecologistas están perturbando a los políticos, y llegan al extremo de exigir cosas tan absurdas como que las calles de las ciudades no deberían pavimentarse. El ser humano es un creador imparable de nuevos recursos, mucho más que la propia naturaleza. Prefiero creerlo así. La prueba está en que la esperanza de vida del hombre aumenta siempre, a pesar de la degradación de la calidad medioambiental y de la disminución de los recursos naturales.

ÍNDICE

Prólogo: una fiebre necesaria,
    por Anna Caballé   9

MÁS ALLÁ DE LA MIRADA. PINTURA
    Y FOTOGRAFÍA
Xavier Valls, desde el silencio   17
Luis Marsans: fragmentos del recuerdo   20
Las fiestas galantes de Josep Maria Sert   24
«Nits», una sugerente ceremonia
    de la confusión   31
Antoni Bernad: retratos catalanes   35
De la ciudad y los pintores: Luis Marsans
    y Mateo Vilagrasa   39
Los espacios de la fatalidad: de Vermeer
    a Antonio López García   43
La paciencia del realismo. «Voces interiores»:
    una exposición en la Fundación Santillana   47
Los deliberados desvaríos de Perejaume   51
El fenómeno Barceló   56

El encanto vetusto de los balnearios.   59
Del amor y la muerte: Antoni Tàpies   65
Miguel Condé o la pantomima de
    la metamorfosis.   67
Miró: de los principios a las *Constelaciones*. . . .   70
Antoni Llena: la realidad minada.   74
¿Dónde está Jordi Benito?   77
Kandinski, dinamita pura   81
Tàpies, el demiurgo.   85
Dalí atrapado   90
Las metamorfosis de Antoni Llena.
    Elogio de la filfa   95
Tiempo de silencio: Mateo Vilagrasa. 101
La Vía Láctea de Montse Gomis 105

DONDE LA FORMA RESPIRA. ARQUITECTURA
    Y ESCULTURA
El barco: un modelo para la arquitectura
    moderna. 111
Las transfiguraciones de Julio López
    Hernández 115
La cara interior del Ensanche. 120
Umbráculos: el paraíso de los indianos 125
El parque Samà, jardín ochocentista 131
Rubió i Tudurí, arquitecto de jardines. 135
Baños modernistas. 141
Oscar Tusquets y la posmodernidad 149
La seducción por la geometría 154
Dos exposiciones de diseño industrial 157
Le Corbusier, paradigma de la arquitectura
    moderna. 160

La arquitectura de Josep M. Jujol 165
Revisión de la arquitectura modernista
   catalana. 168
Un modelo de remodelación: el Palau
   de la Música 172
Intervenir en Gaudí: el desastroso ejemplo
   de la Sagrada Familia 175
La casa de las flores de fuego 182
Arquitecturas ausentes. 187
La puerta de los pájaros. 191
Cagada, Roc. 195
Chillida: la escultura como pretexto 198
Comillas y la Modernidad. 201
El museo mediterráneo de Sert 205
La Sagrada Familia es un bodrio 210
Entrevista a Eusebio Güell i Jover 216
Entrevista a Federico Correa 223
Entrevista a Beth Galí 228